如果可以被喜歡 誰想被討厭？

A GUIDE TO PSYCHOLOGY

人際關係駕馭心理學

三悅文化

惱。特別是置身於社會的你我，需要與各種不同出身背景的人共存相處。與客戶之間的關係、上司與部屬之間的關係、與朋友之間的關係、與情人或與結婚對象之間的關係……。我們的社會是靠人與人之間的關係所構築而成的。

不管在何種環境下，只要擁有能夠圓滑地與人建立良好關係的能力，就不需要過於操心人際關係的問題。

需要操心的，最多便是學習心理學的一些簡單技巧即可。只要能掌控會話的主導權，整件事會出乎意料地如你所想的方向進行。

歷史上留名的偉人，皆是駕馭人心的高手。如推動日本明治維新之首的吉田松陰、美國林肯總統、成吉思汗、豐臣秀吉……他們皆能有效地利用心理學的技巧掌握人心。在本書的各章節中會穿插這些歷史偉人的實際案例說明。

若你真的有很想貫徹執行的願望、有非常想完成的某些事、或非得表達不可的心意，心理學的知識跟技巧一定能成為你最有力的幫手！

本書所介紹的內容皆是可以立即見效的心理學知識及技巧。比方說如何讓人對你的第一印象抱有好感、能夠提高說服力的話術、讓愛情順利推進的技巧、如何掌握難以應付的對手的心理等等方法。皆是嚴選日常生活的各種場景、或是人生重要時刻都能活用的內容。

本書最後附錄能夠有效瞭解自己及他人的心理測驗試題，讀者可用愉快的心情一邊閱讀本書，一邊進行試題。

其實想要讓人按自己所想的方式行動，並非一件難事。只要能學會這些技巧，相信能讓讀者更有自信，更能在人際關係互動上樂在其中。

讓想做的事如預期所想地實現，你的生活將更加美麗。希望本書能夠達成你的願望。

涉谷昌三

如果可以被喜歡，誰想被討厭？
人際關係駕馭術

CONTENTS

CONTENTS

第2章 與任何人都能建立良好關係

第3章 如何有效說服他人

第4章 讓心儀對象愛上你

第5章 征服難攻不破的對手

CONTENTS

第 1 章

初次見面
留下好印象

吸引人的外在魅力

以下是經過心理學實驗調查的結果。什麼是吸引人的外在魅力，按照容貌、服裝、體格分類進行介紹。

容貌

- 美麗的秀髮
- 漂亮的牙齒
- 注意口氣芬芳，沒有口臭
- 在人前不做咳嗽的動作
- 有朝氣的眼神
- 流行的髮型
- 品味的好壞
- 整潔的身體

・男女幾乎持同樣的意見
・特別是對於外貌的魅力，認為「外在的裝扮」比原本的外貌特徵更為重要。

眼鏡

- 戴眼鏡的人，容易讓人有勤勉、知性的感覺。
- 較不易讓人有質疑人品的評價。

男女皆持相同意見。

口紅

擦口紅的女性，容易給人以下的觀感

- 穩定
- 內斂
- 誠實

也有人認為擦口紅的女性比起沒擦口紅的女性讓人看起來更輕浮

鬍子

有鬍子的人，容易給人以下的觀感

- 男性化
- 成熟
- 外觀更好看
- 有權力
- 有自信
- 勇敢
- 度量大

Column 歷史人物的大小事

前美國總統林肯在一次總統選舉中，收到了一位來自中西部少女的來信，信件內容如下：「總統先生您好。您的演說實在令人感動。但是您給人一種強烈及銳利的說客印象。若能以更輕鬆、更貼近人的氣氛，就像我們的父親和我們說話的方式一樣，相信您能獲得更多人的支持。建議您可嘗試留些鬍子如何？」
因為這封信的契機，林肯帶給人留著鬍子的印象從這裡開始。另外舊蘇聯的史達林，因為個子短小，為了讓外觀更能使人留下印象，也留了鬍子並且從此勤於保養。因此若給人過於強勢的外貌，不妨試著以戴眼鏡或是留鬍子、換個髮型的方式來減緩外觀帶給人過於銳利的感覺。

服裝

在外貌上服裝的印象能帶給人非常大的影響。我們進行了一個實驗，我們在電話亭內故意放置一枚硬幣，並且走出電話亭。接著觀察之後進入電話亭內的人有何反應？

- **穿西裝打領帶的男性歸還硬幣的比率比不修邊幅的人較高。**
- **女性的情況與男性相同。**

另外也觀察到，在等待紅綠燈時穿著西裝打領帶的人闖了紅燈的同時，隔壁的人也不經意的跟著走了出去。

- **比起不修邊幅的人，不經意的跟著穿西裝打領帶的人闖紅燈的比率較高。**

以上實驗可以看出穿西裝打領帶的人較能讓人感到信賴及威嚴感。因此想要掌握人心，除了按照 TPO（*）的方式外，穿著適合的服裝也是非常重要的。

（＊）：TPO 是指一種服裝搭配的原則。TPO 分別是英文 TIME、PLACE、OBJECT 三個單字的縮寫。T 代表時間、季節、時代等；P 代表地點、場合、職位等；O 代表目的、對象等，TPO 是現今國際上最通用的服裝搭配原則。

體格

以下的圖中，列出了三種體格的男性帶給人的印象。
按照各種體格特徵進行了研究調查。
結果如下：

1

- 古板
- 身體虛弱
- 醜陋
- 多話
- 親切
- 體貼
- 温厚
- 温柔
- 依賴
- 喜好人群

等等…

肥胖圓滾的男性

2

- 強大
- 男子氣概
- 健美
- 喜歡冒險
- 充滿活力
- 年輕
- 喜好競爭
- 喜歡運動
- 大膽

等等…

體型壯碩的男性

3

- 年輕
- 有野心
- 心機重
- 僵硬
- 神經質
- 頑固
- 不易相處
- 悲觀的
- 安靜
- 謹慎的

等等…

高瘦虛弱的男性

臉部表情的變化
能帶給人不同的印象

上司及部下的表情變化，大眾對於上司的觀感也不同。
以下是表情變化的心理實驗，實驗結果如下：

擺臭臉的上司及微笑的部下
上司帶給人的印象是…

- 具支配性
- 不懷好意
- 嘲笑

微笑的部下　　臭臉的上司

微笑的上司看著皺眉頭的部下
上司帶給人的印象是…

- 和平的
- 友好的
- 幸福

皺眉頭的部下　　微笑的上司

擺臭臉的上司看著微笑的部下
上司帶給人的印象是…

・正在生氣
・嫉妒心重
・不幸
・失望

微笑的部下　臭臉的上司

擺臭臉的上司看著皺眉頭的部下
上司帶給人的印象是…

・冷淡
・孤立
・藐視
・冷靜

皺眉頭的部下　臭臉的上司

由以上結果可知道，人的情緒及人品都能夠從表情或與其談話對象的表情大概推測出來。

最容易表現出人類感情及壓力的地方就是臉部的表情，俗話說得好「察言觀色」便是如此。

Column

最容易表露情緒的部位在哪裡？

生氣會表現在臉部所有部位

人的情緒最容易表現在臉上的哪些部位呢？我們分別將臉部分類為「額頭與眉毛」、「眼與眼皮」、「鼻、臉頰與口」三個部分。哪些部分最容易將人的情緒表露出來，我們做了研究調查。

研究的結果顯示，「恐懼」及「難過」表現在眼與眼皮部分的正確率達67％；而感受到「幸福」的部分在臉頰及口的正確率達了98％，再加上眼與眼皮的話便高達99％正確率。

「驚訝」在額頭與眉毛的部分是79％；眼及眼皮的部分是63％；臉頰和口的部分則是52％的正確率。但是「生氣」在這三個分類中都只能達到30％正確率。由此可知，若不看整個臉部的表情，是難以分辨生氣的情緒。一旦生氣，便會牽動臉部所有的表情一覽無遺的表現在臉上。

因此平時在與人對談當中，第三者很容易就能看出你目前的情緒，並且私下給予評價。若平時在眾人的面前糾正部下時，你的情緒表現可能獲得讚許，也可能喪失他人對你的信賴，請務必謹慎小心。

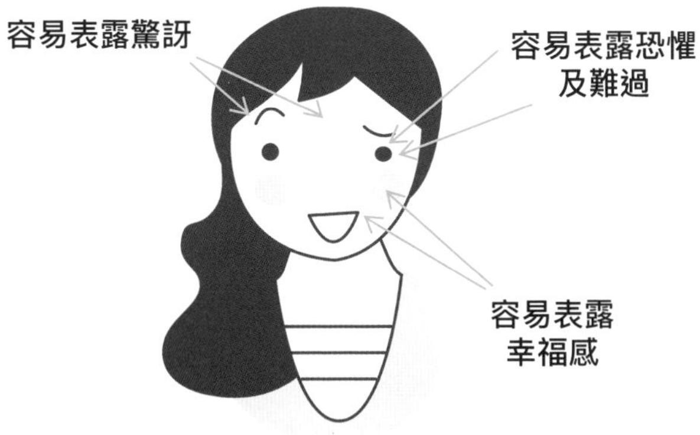
容易表露驚訝
容易表露恐懼
及難過
容易表露
幸福感

從手勢可讀出對方的真意

英國動物行為學者德斯蒙德・莫利斯 (Desmond Morris) 將人們說話或演講時的一連串手勢稱為「指揮信號」。
指揮信號被分為 15 種類，在這裡將舉出代表性的 4 種類進行說明。

空抓信號

- 手掌張開，手指微彎對著上方想抓住些什麼東西的樣子。
  演說者作出「空抓信號」手勢時，表示想用言語控制聽眾並掌控全場，但卻又未達到滿意的狀況時，演說者焦躁不安的表現。
- 演說者陷入進退兩難的情況時

握拳信號

- 偽裝行為
- 想用自身的精神力及決斷力來取信於聽眾
- 演說者教唆的表現

政治家熱心演說時，最常看到的手勢便是握拳信號。
從歷史紀錄片也能看到納粹領袖希特勒在對民眾熱烈演說時，緊緊握拳的表現。

立指信號

- 知性、自信的表現
- 確定這是具說服力時
- 向聽者表示說服的熱誠時

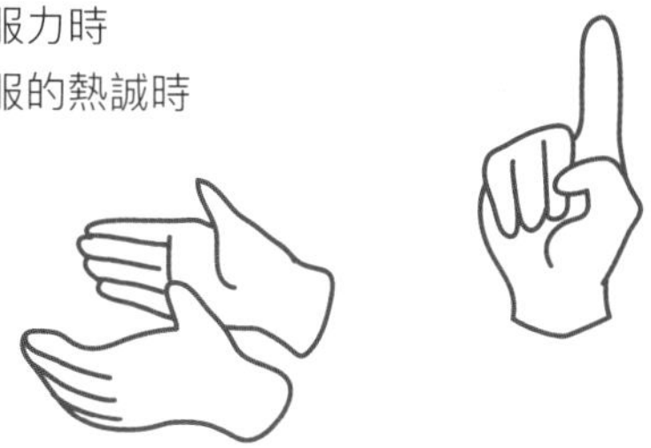

當演說者比手劃腳口沫橫飛時，急於說服人時，只要冷靜地看演說者的「指揮信號手勢」，便能推測對方的想法及言語中所挾帶的真實含意是什麼。

領袖常常在眾人面前說話，因此只要善加利用正面的指揮信號手勢，便能取得聽眾的信賴並達到抓住人心的效果。

手部擺勢所表露的訊息

說話者的手部擺勢能透露出重要的訊息。
我們做了說話者各種手部擺勢的照片並進行評價的實驗，發現不同的手部擺勢能帶給第三者各種不同的印象。

1

手或握拳或在尋找些什麼的手勢，看似活躍、但令人感到具有何種目的或意圖性。

2

手呈容器狀，看似在乞求什麼的樣子，令人有處於被動的印象。

3
雙手垂下，看起來令人感覺柔弱內向。

4
雙手向身體外側張開、外推，給人不成熟、無法控制、衝動的印象。

特別是在較多人面前說話時，手部的擺勢非常重要。
按當時說話的內容、場合及氣氛選擇適當的手部擺勢可大大提高說話者的說服力。

看對場合擺姿勢很重要唷！

從身體動作看出
對方負面情緒的方法

要掌握人目前的情緒，除了從與對方交談中了解外，需對人內部感情變化有些許程度的敏感度才行。但大多數的人都會壓抑自己的感情不外露表達出來。因此才會讓人覺得人心難以捉摸。

但人的情緒表現並不只單靠臉部的表情，我們可以從身體動作微妙的地方推測出大概的情緒表達。特別是在讀取對方負面情緒的時候，身體動作的表露會比臉部更加明顯。我們稱之為「肢體語言 (Body Language)」。

生氣

- 人在生氣的時候，頭與腳部的動作會顯得較多，而手部的動作反而較少。
- 即使以上的動作不夠明顯，只要在對方放慢動作，或靠近時便可看出生氣的信號。

恐懼

- 當在抱持著所恐懼的對象面前時，會不由自主地拉開雙方的距離，並且視線不敢過於正視。
- 從遠處不時注意對方的樣子及情緒變化。

潛藏敵意

- 當有嫌惡對象的話題出現時會雙手交叉，並不時觸摸或摩擦身體其他部位。
- 當在意起自己身體其他部位的動作變多時便是徵兆。

憂鬱

- 心情憂鬱的時候頭部的動作會變少。
- 腳部的動作會變多。

壓力

- 在有壓力的情況下，當有動搖情緒的話題出現時，身體的動作會變多。
- 身體或手部的擺勢會變多。

難過

- 在心情不佳的情況下，會用較快的步伐靠近對方。
- 視線會避開對方。

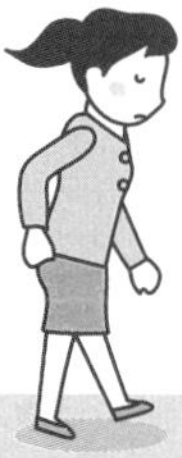

能帶給對方好感的肢體語言

美國心理學家麥拉賓 (Albert Mehrabian) 說：身體的擺放姿勢及位置對於人的好感度及魅力有密切的關係。整理出以下幾個能帶給對方好感的肢體語言傾向：

對方處於地位較高的立場時

- 頭或身體會有直接朝向對方的傾向。
- 特別是女性在與比自己地位高的人說話的時候，手腳不會交叉而是採取端正坐姿。

嫌惡的人靠近的時候

- 兩手交叉
- 身體往後傾

喜歡的人靠近的時候

- 手腕往前垂
- 手和腳不交叉並採取開放的姿勢

給予對方好印象的 4 種肢體語言

1 身體採開放姿勢
2 前傾的姿勢
3 放鬆的姿態
4 身體面向對方

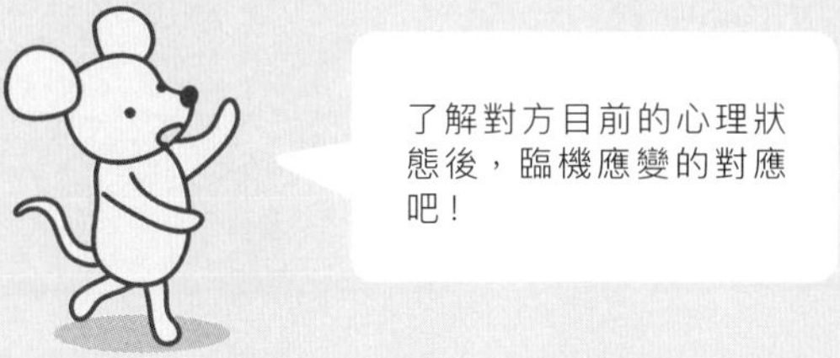
了解對方目前的心理狀態後，臨機應變的對應吧！

希特勒喜好坐在引人注目的位置

希特勒在青年時期，在咖啡廳喜歡坐在能夠看到出入口，並且能一眼瀏覽整間店的位置。
這是由於希特勒擁有強烈的「支配欲望」。
擁有「支配欲望」是彰顯領導統御能力的一種表現。
以下幾項說明，會簡單地分辨出誰能表現出領導統御的原則。

1 坐在四角方桌面對面談話的情況，坐在人數較少一端的人，較容易成為領袖。

曾經有這樣的實驗。初次見面的 5 人坐在長桌進行討論，兩端各有 3 張椅子，並讓這 5 人分別以 3 人對 2 人面對面的方式坐下討論。討論結束後問這 5 人，討論中誰較能領導話題呢？答案是坐在 2 人這一端的人比坐在 3 人這一端的人有多達 2 倍以上的領導話題傾向。

2 坐在圓桌討論的情況，坐在兩側座位無人的位置較容易成為領袖

坐在圓桌討論，由於參加者全員都是對等的立場，因此較難有特定的人能夠發揮領導統御的特性。

但若是坐在兩側無人的位置，一般是較容易被看作為領袖。

如果想要掌握說話的主導權可以坐在人數較少的一側，若是處於圍在一起討論的情況(如圓桌)，只要將座位兩側位置刻意放上皮包或是上衣的話，便可以製造出兩側無人的局面。如此一來可強調自身的存在感，能夠較容易掌控說話的主導權。

希特勒在青年時代的領袖特質及對他人的支配欲望，可以在他挑選座位上的喜好一覽無遺。

從打招呼讀出對方的深層心理

心理學能夠從簡單的打招呼便能看出對方的深層心理。我們從初次見面的人觀察出的幾個類型如下：

直盯著對方眼睛打招呼的人

→喜好讓自己處在優勢的位置

各位是否有過被第一次見面的人直盯著眼睛看而不自在的經驗呢？因為盯著人眼睛看打招呼的人明白，只要這麼做的話便能在氣勢上壓過對方。一旦對方感受到不自在、不安感時，自己便能處於優勢的立場。
這類型的人由於過去是屬於較沒自信的性格。因此會藉由過去的經驗先發制人，是個具有分析能力、會算計的人。
與這類型的人一起工作時，要隨時穩住陣腳，如果覺得氣勢好像被壓過時，暫時離開位子倒杯茶重新整理心情吧！

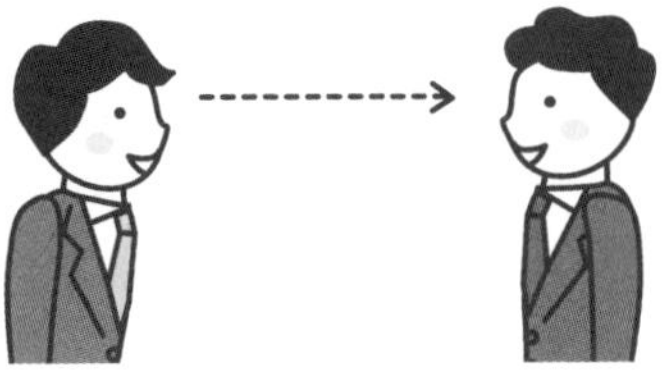

深深鞠躬的人

→真心誠意想跟對方一起工作

向對方鞠躬意謂的是「我正在對您表達敬意，我是不會反抗您的」。
因此向人深深鞠躬的人，是會尊敬對方、重視對方的人。
換言之，便是希望能夠與你一起工作的人。

初次見面卻喜歡裝熟，喜好肢體接觸的人

→ 我走我的道路，自我中心的類型

即使是初次見面仍滿臉笑容，緊緊握住你的手誠懇地對你說「能見到你真是太榮幸了！很高興認識你！」。相信大家都遇過這樣類型的人吧！
這類型的人對自己非常有自信，當然實力與自信能兼備的話是最好，但獨善其身、不考慮他人立場的人也不在少數。
周遭的人看他像是不知天高地厚，但本人也許因為像小孩一般過於天真，因此周遭的人容易不自覺得地被牽引並給予協助。
這類型的人其實可理會可不理會。只要能不影響到自己的情緒，有效地引導出對方的優點試著一起工作看看吧！

從握手讀出對方的深層心理

從握手的過程當中可以看出對方的深層心理。
透過握手的方式來了解對方是什麼樣類型的人吧！

握手強而有力的人

→這是在表達「 我想和這個人一起做些什麼」的意思。
→如果握手過於強力，內含「我不會輸給你！」的訊號。

・強力的握手代表著熱情、好意及溫暖的心意。
・盯著對方的眼睛，強力握手的話代表「我不會輸給你！」的意志，同時帶有熱誠。

握手無力的人

→ 不喜歡與人往來的性格

- 與人交往保持一定距離的類型
- 工作上也不大喜歡與人有很深的關係
- 從握手強力類型的對比來看，是顯得誠意不足的類型。

手掌流汗的人

→屬於怕生的性格

- 即使外表看起來外向活潑，但其實是好惡明顯，怕生的類型。
- 表面是有氣度會照顧人的大哥大姊，其實是心眼小，非常在意別人對自己的看法。
- 無法有效掌握人際關係應保持的距離感，有時會過於極端。
- 對於初次見面的人，特別容易緊張。

從臉型看出對方的性格

如果想要掌握對方的心，首先必須要先了解對方的特徵。
我們可以從臉型的外觀，了解對方的性格特徵。
你周遭的人是屬於哪些類型的呢？

圓臉

- 社交型、有包容心。
- 人緣佳，適合業務、銷售、與人接觸的職業較多。

蛋臉

- 好奇心旺盛、深思熟慮。
- 自我意志薄弱，容易受他人意見左右。

方臉

- 努力型
- 雖然有時讓人覺得笨手笨腳，但執著、不會因為小事而輕言放棄。
- 不管是工作或是在與朋友的交往上都全心全意。

倒三角型臉

- 腦筋好、較感性。
- 適用需要用腦的技術性或藝術性的職業。
- 內心纖細，容易過於在意他人的想法，想太多的類型。

大餅臉

- 有強烈的自我意識。
- 積極地突顯自己的存在。
- 若有實力的話，是容易成功的類型。

小臉

- 偏內向。
- 喜歡閱讀、思考的類型。
- 即使有實力，但缺乏表達能力，較不懂得如何突顯自己。

了解對方的特徵，能夠使你更容易建立良好的關係。

從肢體語言讀出對方的真意

透過肢體語言，便能推測對方目前在想什麼。只要能了解對方的思考模式，不管利用在交涉或是說服時，都能達到良好的效果。
以下有各種肢體及姿勢分別表達著對方潛藏在內心的真意，我們按肢體的各個部位進行說明。

腳部

挑逗性的腿部交叉

對異性具有性暗示。

腿部緊密交叉（女性）

自我防衛的表現

腿部微開的坐姿或輕鬆交叉

- 心情放鬆的狀態。
- 希望對方能夠放鬆心情的表示。

雙腿緊閉的坐姿

處於緊張狀態

手部

雙手交叉

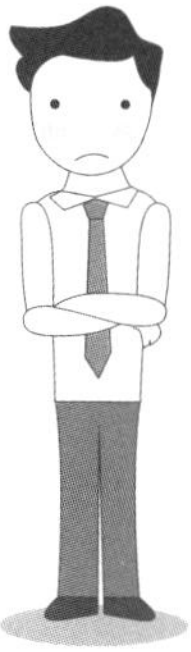

自我防衛

牢牢地抓住衣服腰際部位

害怕身體受到傷害

手心向著對方說話

採取開放的狀態

姿勢

僵直站立的狀態（男性）

- 畏懼、關閉自己的狀態
- 充滿不安

垂頭不動的樣子

- 毫無頭緒，不知道該怎麼辦
- 正在向對方提出求救的訊息

玩弄自己頭髮的狀態（女性）

- 表示對對方沒有興趣

摸嘴巴或下巴

- 提醒自己謹慎發言
- 試探對方

Column

初次見面時，不用太完美！

對於初次見面的人一般都是以外貌作為判斷基準。但只要刻意製造些小失敗，反而能使人際關係更加順暢。
曾經有個實驗，有一位外表看起來紳士並且工作能幹的男性與另一位普通的女性。2 個人在喝咖啡時，男性不小心將咖啡打翻，但事後這位女性對這位打翻咖啡後的男性，比起打翻咖啡前更覺得有好感。這是因為一開始男性過於優秀讓人感覺難以親近，但在打翻咖啡後反而增加了親近感。

透過以上的實驗，有時候一些笨拙的舉動反而能縮短彼此的距離。服裝也是相同，如果過於完美的話會容易給予人冷漠的印象。適時地製造些令人訝異或小小的失敗來拉近彼此的距離吧！

Column

初次見面時，尋找彼此的共通點

你與初次見面的人都說些什麼話題呢？
人們會覺得具有同樣價值觀的人，比較容易相處。因此不管是工作還是戀愛，若想讓彼此的關係更融洽，首先要尋找此人與自己擁有的共通點，只要能找到彼此相同的價值觀，對方會將自己認定為同類。
共通點越多越能使彼此的關係更安定，也會產生同伴意識。這樣的話即使在工作上有不同的意見，也較不容易產生衝突。因為擁有相同價值觀，就算認為對方有錯，也會較努力的去接受並理解對方。

要建立好的人際關係，就是盡可能不製造對立。反而更要讓對方認為「我不是你的敵人，而是知己」，這樣的話即使真的有對立的情況，對方也比較容易聽得進去，談話較容易持續進行。

Column

世界NO.1的業務員抓住人心的方式

服裝要配合客戶層

被稱為世界第一汽車銷售員的「喬・傑拉德」聽說在與客戶見面時都是穿著輕便的運動衫。

以他的身價，穿幾件名貴的西裝應該不是什麼難事，但他的客戶是每日在工廠及公司努力上班的勞工階級。對這些上班族來說穿著名貴的西裝是件奢侈的事情。

要使客戶能夠買自己的帳，必須與客戶感受到相同立場、相同的經濟能力及生活水平。因此喬才會穿運動衫，讓客戶覺得喬是與他們站在同一陣線的伙伴，所以一定了解他們的需求。

另外，喬還特地在商談的場所裝飾了大大小小的獎章，給予客戶成績優秀，專業的印象。

不時略施小惠

喬也不時利用略施小惠的方式，來卸除客戶的警戒心。

比方說，當客人來到汽車展示中心，不時地在口袋開始找香煙時，便可以不經意的問客戶都吸什麼品牌的煙。知道客戶的喜好後，喬便會奉上一整包煙給客戶。

其他還有針對帶著家族來的客戶，便會準備糖果及玩具給小孩。喬不時利用這些小恩惠來卸除客人對銷售員的警戒心。這樣的方法現在許多地方都被採用。

喬的成功並不是利用了什麼高難度的業務技巧，只要細心地留意客人的需求，任何人都能簡單地實踐。

讓對方「下次還想再見面」的要點

初次見面非常地順利，對方對自己的印象也不錯，那麼要如何讓對方留下還想再見面的印象呢？

離別前該注意的事項

- 溫暖
- 貼心
- 保持開朗並笑臉迎合
- 盡量頻繁地與對方對上眼

如果對方是位有心想長期交往的對象，盡可能的製造與對方對上眼的機會，來拉近彼此的距離。

離別時，為下次的見面做準備

- 保持笑臉說再見…讓對方在離開時留下深刻的印象。
- 準備糖果或小禮物...過重的禮物容易使人造成心理負擔。
- 離別時，製造下回見面的伏筆，誘使對方主動邀約。

例：

「剛才我在來的途中看到了一間非常好吃的甜點店」…離別時的伏筆。「上一回真是謝謝您了！讓我渡過了快樂的時光！另外一提，今天又發現了一間有趣的店哦！」

Column　離別時的笑臉及招呼最容易留下印象

人的記憶及印象最能留下的時刻便是在最後。因此即使中間留下不少印象，但若在最後留下不好的印象的話，便全盤皆輸。

同樣的，若中途並未留下好印象，但若在最後一刻能在對方心中留下好印象的話，便能有挽回的機會。因此在離別時，別忘了保持笑臉留下好印象。

送行必須送到對方看不到自己為止，最後再揮揮手的話，更能增加好感度哦！

Column

向久等的人表達體貼之意

每一個人都希望自己是特別的存在

日本大正時期的政治家．原敬先生，交友廣闊，拜訪原邸的賓客絡繹不絕。

想當然爾，想見到原先生得按照順序排隊。但對於最初見面的人會覺得「後面這麼多人在等，恐怕無法盡興交談。」而最後見面的人會覺得「與這麼多人見面了，恐怕剩下不了太多精神交談」。原先生因此體察到訪客的心理，用了非常有智慧的方式來應對。

首先，對於最初見面的人，原先生如此說「因為是你，所以想第一個與你說話」。而對最後一位見面的訪客則說「我想保留最後的時間，與你盡興的交談」。

如此，任何人都會覺得自己是特別的存在，除了感激，等待時帶來的不安與疲勞也消失殆盡。這件小逸事在說明體察人心的重要，對等待的人抱持體貼的心意，當然對每一個訪問者也以同樣的誠意，絕不怠慢。

史丹佛大學精神科學者湯馬士・羅蘭德英塞爾（Thomas Roland Insel）說：等待的痛苦具有「從屬效果」。令人等待的人對等待者持有權力，並持有左右等待者時間的權限，這對等待者來說是極大的屈辱。

原敬先生因為對最後一位見面的人說「我想保留最長的時間與你盡興交談」這句話便抵消了對等待者持有的優位性。相信原敬先生說這句話的體貼舉動，肯定深深地烙印在對方的心中。

從視線的動向來推測對方的想法

美國心理學家赫斯 (Hess) 透過實驗知道，人們看到自己有興趣的東西，瞳孔會放大。所以才說「眼睛是靈魂之窗」，如同鏡子能夠映照出心理的想法。

假設你是賣場銷售員，客人對你推薦的商品說「我不需要」時，請注意看對方瞳孔的變化。當看到某件商品，瞳孔放大時，便是推薦的好時機！
我們從人視線的動向也能了解此人的品格。

依附心強的人

- 經常對上視線
- 當客人與你視線對上問「這個真的是好東西嗎？」時，其實是期待你回應「這是一個好東西呀！」

對想支配的人

- 視線盯著對方
- 視線是威嚇對手、使其服從的手段（但盯著10秒以上的話會令人感到不愉快，請小心使用）

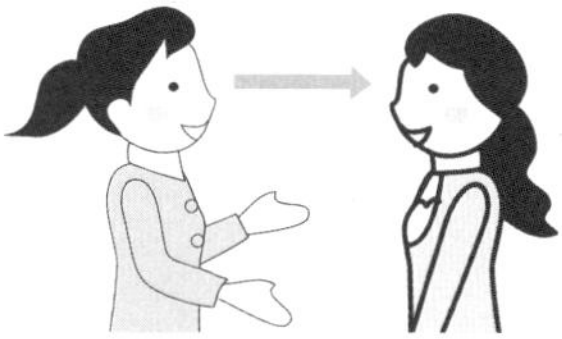

對上視線說話的人

- 給人「可信賴、朝氣、健談」的感覺。
- 「看著對方」說話，能帶給對方好感。

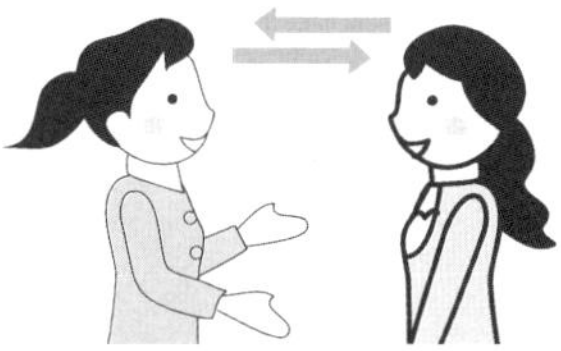

了解自己或他人性格的心理測驗

從以下 1~10 的問題，從 A 或 B 選出自己認為正確的答案，並打✔。最後再計算打✔數，填入合計欄。

1
□A　喜歡獨自一人看書或是看影片。
□B　喜歡交許多朋友。

2
□A　覺得學習與工作，獨自進行較有效率。
□B　覺得與朋友一起學習，或工作較有效率。

3
□A　不擅長說話。
□B　喜歡說話，而且有行動力。

4
□A　雖然固執，但很能忍耐。
□B　對事情的熱度來得快去得也快。

5
□A　屬於仔細考慮，小心行動的人 。
□B　屬於充滿自信行動派的類型。

6
□A　感受性強，容易落淚。
□B　陽光型，具有幽默感。

7
- □A　不大會與別人說自己的事情。
- □B　喜歡分享自己的事情給別人聽。

8
- □A　容易控制或壓抑自己的情緒。
- □B　情緒容易被壓力激發出來。

9
- □A　優柔寡斷不易下決定。
- □B　具有決斷力，可以馬上決定事情。

10
- □A　不喜歡附和他人，對別人的想法及行動沒興趣。
- □B　能察言觀色，對周遭人的言行舉止敏銳，八面玲瓏。

合計

A＿＿＿＿＿＿個

B＿＿＿＿＿＿個

結果　A = 內向型　B = 外向型
點數較多的就是你的個性！

內向型、外向性的各種性格特徵

人際關係

內向性

- 不擅長社交，喜歡躲入自己的小空間裡。
- 不擅長面對人群的工作。

外向型

- 擅長社交，交際廣，喜歡照顧人。
- 適合需接觸人群的工作。

行動力

內向型

- 安靜，有些固執，但很能忍耐。
- 思考謹慎、小心。

外向型

- 行動派，熱度來得快也去得快。
- 有自信。

感情

內向型

- 感受性強，但不輕易表露出來。
- 較能控制自己的感情。

外向型

- 陽光，充滿自信及幽默感。
- 感情的表達豐富。

領導統御

內向型

- 優柔寡斷，欠缺執行力。
- 對周遭的變化無法柔軟應對。

外向型

- 決策快速，具有統率能力。
- 對周遭的變化抱持關心，並能柔軟應對。

第2章

與任何人都能建立良好關係

座位決定領導統御類型

桌子的形狀及位置能夠影響領導統御發揮效果。想要掌握會議的指揮權，請務必參考以下說明。

坐在長桌中間的人

長桌的情況，有分長短邊。坐短邊中間的人與坐長邊正中央的人，雖然都能發揮領導統御，但卻意義有些不同。

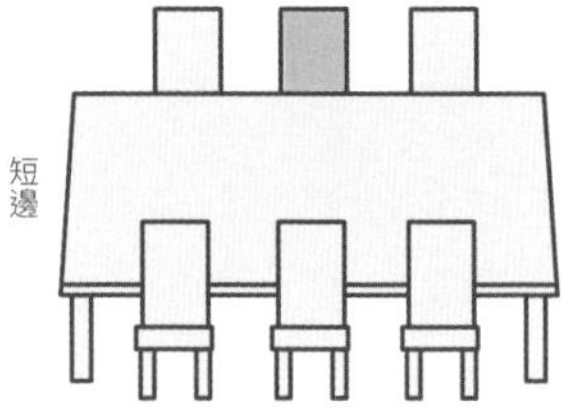

- 坐短邊中間的人，把議題的解決作為第一要務。因此在議題上能引導著其他人快速推進。議題該如何解決？希望盡快有結論的領導類型。
- 坐長邊正中央的人，屬於重視人際關係的領導類型。與其快速推進議題，更重視每一個人的意見。比較擅於聽取他人意見，整理大家的意見來推進議題。

如果你是會議的主席，想在短時間讓議題有結論的話，可坐在長桌的短邊。如果想集思廣益聽取大家意見時，可選擇坐在長邊正中央的位置。

讓圓桌兩側保有空間

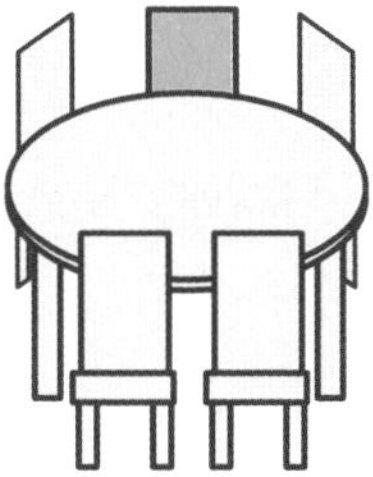

- 使圓桌位置等距並坐的主席，是個較重視人際關係，能視察每個人心情的領導類型。
- 若圓桌兩側座位有一方人數偏多的情況，選擇坐在能掌控全局中央位置的人，具備領導統御的素質。

若圓桌會議上無法順利進行時，可試著讓兩側位置清空，製造能看見所有人的環境，能使發言的次數變多，會議變得容易進行。

依照會議內容及功能，試著改變一下座位，能夠得到不同的效果。

透過測驗了解你的領導統御類型

以下有 4 種典型的領導類型，你希望你的上司是哪一種類型嗎？請從中做選擇。
從中選出的領導類型可判斷你是屬於何種類型的上班族。

A 你的上司是以工作為中心思考。訂立適合的計劃，朝向目標，對部屬下達指示。激勵部屬的同時以身作則，率先典範。對人際關係則為次要。

B 你的上司是以人際關係為中心思考。關心部屬，對部屬的立場抱持支持。對工作目標的達成則是次要。

C 你的上司同時具備工作及人際關係兩者。對部下下達指示，激勵部屬並以身作則的同時，也認為人際關係的維持及支持部屬的立場也是很重要的。

D 對於上司的工作及人際關係、積極的態度以及行動不是這麼重要。工作完全委任部屬，讓部屬自由發揮。

（出自 三隅二不二 著 『工作的意義』有斐閣刊出版）

解說

這是引用 三隅二不二 的著作 『工作的意義』（有斐閣刊）的內容。這個研究以 4 種類型的希望順位，依提問的方式進行全國調查。調查的結果，可知道調查者傾向下列 4 種類型的其中一項。
A 類型的選取率是 14%。選擇此選項的人大都是對工作有執著，想要變有錢人的「猛烈派」。
B 類型的選取率是 30%。選擇此選項的人是屬於休閒志向的「遊玩派」。
C 類型的選取率是 35%。選擇此選項的人雖然把工作擺第一，但也非常重視家庭生活的「勤勉派」。
D 類型的選取率是 21%。選擇此選項的人對於地區社會活動或是義工活動重視的「工作適度派」。

整體來看 B 及 C 類型的上司有較受歡迎的傾向。這些類型的人對私人生活及家庭生活非常地重視。
另一方面的 14% 是希望自己的上司能以工作為中心，對工作有執著的，渴望成功的「猛烈派」。您是屬於哪種類型呢？

Column

你會待在房間的哪一個位置呢？

喜歡角落位置的人格特質

在咖啡廳明明裡頭有位置卻喜歡坐在吵雜入口的人，或是在十疊大的房間裡喜歡單獨睡在中間的人，這樣的人各位平常應該很少見到。

人類有隨時確認自己所在位置的習性，因此會偏好待在角落。因為人類看不見自己的背面，所以可依靠的牆角能帶來安全感。只要待在角落，便能容易掌控屋子內的進出狀況，又能在不易被人注意的情況下，瀏覽整間房間。

你是屬於急性子？內向型？自我表現欲強的類型呢？

即使選擇坐在角落位置的人也有面向牆壁的人，這類型的人對其他人較不關心，屬於內向型的人。而選擇坐在入口附近的人性格偏向急性子，比較在意周遭想法的類型。

喜歡坐在中間的人，自我表現欲強，對他人不抱持關心的類型。觀察一下，自己跟周遭的人屬於哪種類型呢？

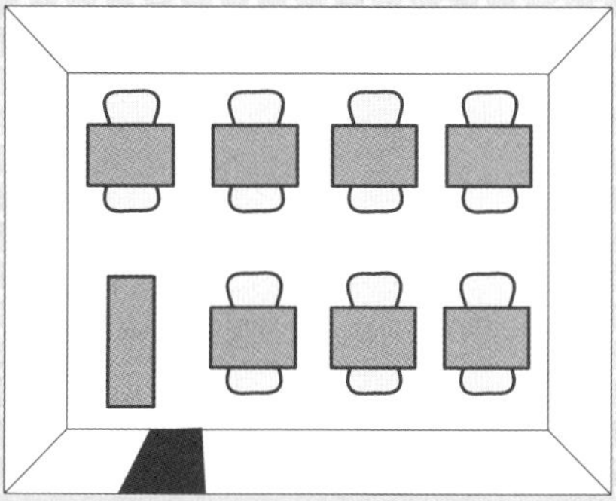

改變交談的模式，能激發他人的行動力

適時地採用激將法，實可激發他人的行動力

有時候用挑撥式的言語，可以激發他人潛力。舉個例，校園裡有一群小朋友在吊單槓，大部分的小朋友都做得很好，唯獨有個小朋友獨自一人蹲在沙坑玩沙子。老師見狀便走近對小朋友說：「怎麼啦？你也過去吊單槓啊！」小朋友對老師的話不予理睬，後來老師就說：「什麼啊！原來你不會呀！」這時小朋友馬上回話：「哼！誰說我不會！」話說完，小朋友便衝上前順利吊上單槓。這是較典型一般人常用的激將法，也是最有效的方式。

當然另一種講法，如果老師是說：「怎麼？你討厭單槓嗎？」可能就只能得到「對！我不喜歡單槓！」回答，對話就只能到此結束。正因為是使用了「原來你不會呀！」的挑撥式講法，激發了小朋友行動的意願。

當然這方式也不限於用在小孩，在大人的社會也能作為交涉談判的技巧來使用。

使用刺激自尊心的言語，激發他人

比方說網球拍銷售員在對業餘網球選手推銷新型網球拍時，一旦對方對新球拍可能不感興趣時，向對方說：「只要能習慣這個球拍的話，能夠打得比以往的球拍還遠。但是這是職業級專用的球拍，所以對您可能較不適用……」

聽說來並非在責備對方，卻有點輕挑對方自尊心的講法。「因為是職業級…可能較不適用…」在這業餘選手聽來是：「你的能力恐怕不行吧……」。這位選

手心想：「我好歹也是網球資歷20年，參加過大大小小的比賽！真是失禮！我就不信我沒辦法用這球拍！」講到這裡相信已經達到銷售員最初的目的了。

人類的心理一旦被強制某些行為時，就會不由自主地想去抵抗它。如果說「請買下！」就會不想買；如果說「最好是用它！」就不想用。因此「可能買不起…」、「可能較不適合…」，用婉轉帶些輕挑對方自尊的技巧，容易激發對方購買的意願。如果你是銷售員的話，請務必使用看看！

請小心不要說激怒對方的話。
婉轉的表達是關鍵。

Column

當對方情緒高漲時，活用3S技巧

用3S技巧軟化局面

心理學家鮑比(Bowlby)認為人與人之間和睦相處有三個要素，「微笑」(Smile)、「身體碰觸」(Skin-ship)、「視線」(Sight)，統稱「3S」。

在日本除了親人或戀人外，幾乎是沒有「身體碰觸」，因此在這裡較重要的是「微笑」。

常有人為了工作爭得面紅耳赤，明明彼此都是為了公司好，卻弄得雙方立場對立，實在可惜。這個時候，如果能及時察覺自己正處於「情緒高漲」的情況下，請緊急煞車，儘管過於勉強也沒關係，試著展露笑容，開個小玩笑吧！將雙方對立的局面軟化，釋出好意，也許能成為達成彼此共識的契機。

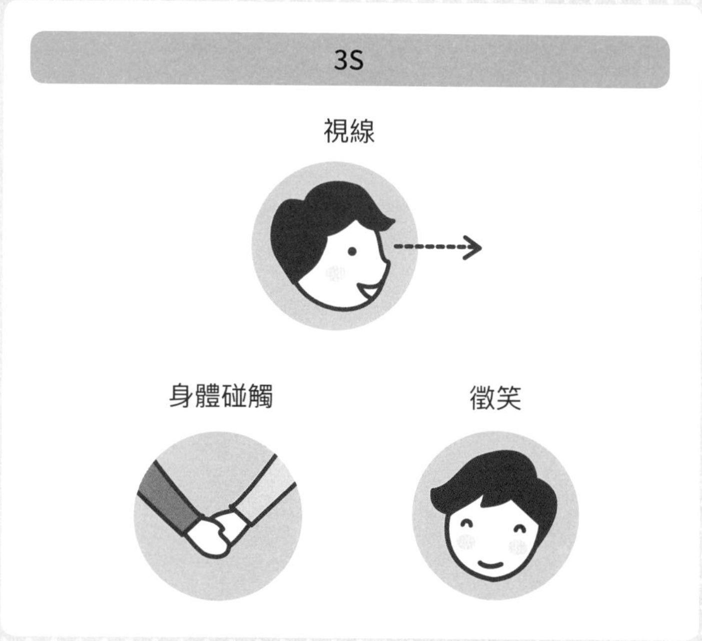
3S
視線
身體碰觸
微笑

Column

豊臣秀吉是個籠絡人心的天才

秀吉透析人心的「籠絡術」

說到豐臣秀吉，便會想起在日本戰國時代，將織田信長的鞋子塞到自己的懷中加暖，而受到信長喜好的逸聞。

豐臣秀吉原本是足輕（戰國時代基層步兵的說法）的兒子，最後卻能統一天下，成為一國之主。就現代來譬喻的話，就像把公司老闆的兒子擠下，然後自己成為大企業老闆的意思。豐臣秀吉過去有非常多利用人性心理的優秀戰術，在這裡就舉其中一例。

中國地方（指日本西部一帶）的大名（領主），在進攻毛利家時，豐臣秀吉籠絡了敵方前線的城主「宇喜多直家」。宇喜多直家是透過暗殺及謀略手段殘酷出名的武將。但是豐臣秀吉卻只帶幾名隨扈便直闖敵陣，對宇喜多進行籠絡。這樣大膽的行為就算當場被殺了也不奇怪，但由於宇喜多欽佩豐臣秀吉過人的膽識，最後成為了豐臣秀吉的部下。

如果對方做出預料之中的行動的話，雖然會讓人覺得瞭若指掌，感覺良好，但若對方做出了預料之外的行動，則會覺得無法看穿對方，被對方將了一軍，比自己更勝一籌。豊臣秀吉的舉動，明明對手並非可以完全信賴的，卻毫無防備的出現在敵陣。是這種預料之外的舉動打動了宇喜多的心。也許正因為這樣，豊臣秀吉才能成功的取得了天下吧！

職業銷售員的讀心搭話術

在銷售接待的賣場，什麼時刻才適合與客人搭話，以下有幾個信號可以參考：

搭話 OK 的信號

客人的手或眼睛停留在某項商品上時

搭話 NO 的信號

客人觸碰了商品但馬上收手，邊走邊到處瀏覽時。

希望趕快來搭話，浮躁的信號

雙手一邊交叉，用手觸摸臉或頭部時。

歡迎搭話的信號

在店內東張西望看似在找尋東西的樣子。

只要能夠掌握以上的信號，便能一瞬間分辨現在是否為適合搭話的時機。

在客人有需求的時候，積極地提供必要的情報是銷售員的鐵則。
另外，以下是客人比較喜歡聽到的說話技巧。

1 積極，有抑揚頓挫的講話方式。
2 誇獎對方說的話。
3 回應客人的問題，並且給予提示。
4 盡可能的迎合對方的喜好說話。

對於有疑問的客人，明快地搭話，用簡單易懂的方式回答客人的問題。如果無法一次讓客人理解時，不妨下些苦心，耐心、親切地說明直到客人理解為止。這是銷售員回應客人期待的要點。

從客人的小動作中看出期待度

除了語言以外，從客人身體的微小動作也能看出客人對銷售員的期待。客人的期待高時，則容易有以下幾個小動作。

1 身體向前傾

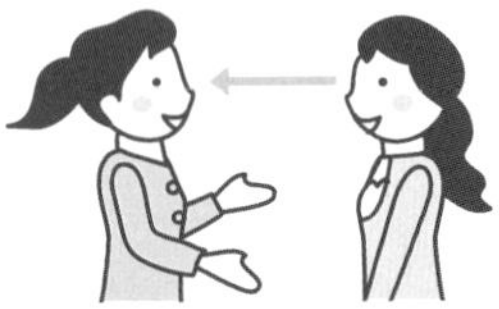

2 視線傳達

3 點頭

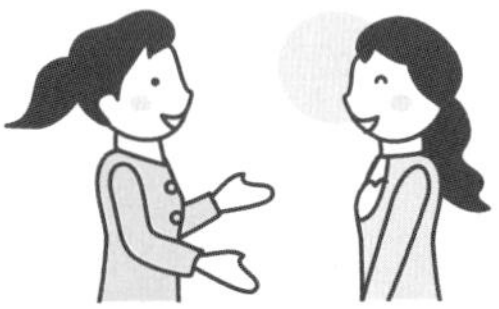

4 微笑

如果有以上的小動作出現的話，就放心的推薦商品吧！
切記不可強迫推銷。以分享的心情，回應客人的期待。如此一來，言行舉止更能顯得自然，給予客人好的印象。

讓客人買下商品的推薦技巧

曾經有研究分析，母親和小孩一起在玩玩具時，母親在適當的時機，不直接而以委婉提示的方式教導小朋友。這樣的小朋友能更具思考力及創造力。
銷售員也能利用委婉提示的技巧，對客人作商品的推薦。這樣的方式可提高客人對購物的滿足感。

✕「這個商品非常的好哦！」→直接、強迫灌輸

○「或許您能…這麼想也許不錯」→委婉提示

○「其他我們還有…這樣的商品」→委婉提示

利用委婉提示的方法可以增加與客人對話的機會。當客人成為對話的主體時，不斷接受提示的客人，最後也不好意思不買東西就離開。

利用肢體接觸
使對方說出真心話。

與他人交談時，要如何才能給對方好印象，使對方說出真心話呢？

美國心理學家「西尼．朱拉德」(Sidney.Jourard) 進行了以下的心理實驗。

1 傾聽者，一邊點頭、一邊回應「嗯嗯」、「原來如此」只需傾聽對方說話就好。

2 除了 1 的條件外，傾聽者在坐下椅子的同時，輕碰對方的身體。

3 除了 1 的條件外，在對方說話前，傾聽者先談談關於自己的事情。

4 傾聽者在坐下椅子的同時，輕碰對方的身體後，傾聽者先談談關於自己的事情。

實驗結果，第 4 項最能讓對方大量地說出自己的事。也就是說最能帶給對方好感，使對方更容易說出真心話。

面試時，面試官與應試者握手，面試官帶給應試者「親切、溫暖、誠實」的好印象。這也是肢體接觸效果的一種。

換到日常的場面，接應者將來訪者招待到接待室，說「來，請坐！」的同時輕碰對方的手腕，也是肢體接觸效果的一種。

接著，在對方說話前，先說「其實...我最近有個煩惱...」先開誠佈公的吐露自己的心聲。如此一來，除了能取得對方的好感，也能使對方更容易說出自己的真心話。

遭誤解時的二種對應法

不管什麼人都會有產生誤會、或是不自覺地在語言或態度上傷人的經驗。那麼該如何排解誤會比較好呢？將誤會一件一件的解開，看似不是很有效率，但實際上是解決誤會最好的方法。

「會錯意」或「認知」所造成的誤解

有些誤會可以馬上解釋清楚，有些卻有理說不清。如果單純只是會錯意或認知錯誤的情況，則不需要花太多時間就能解決。

只要給予對方預期相反的結果，便能輕易地排解誤會。請參考以下案例：

有位男性，因為常常超過上班時間才到公司，所以被周遭人認定是沒有時間觀念的人。因為並不知道這位男性遲到的實際原因，所以才會認定為這是他的性格，沒辦法。實際上，這男性的太太因為生病的關係，所以男性早上必須先把所有家事做完，才能出門上班，因此常常遲到。當周遭的人明白真正遲到原因時，對於這男性的看法及態度也會 180 度大轉變。

這是單純不瞭解事實真相，會錯意所造成的誤解，只要得到解決的話，就能帶給別人完全不同的印象。

在有心結的隔閡下所造成的誤解

如果在有心結的情況下造成的誤解，是較難排解的。並不是單純的提供解決方式便能解決，因為有情緒的因素在，所以對方不見得聽得進解釋。那麼該如何是好呢？
只有一個方法，便是與對方坐下來面對面好好談。雖然要與有心結上隔閡的人面對面談話是件吃力不討好的事。對方肯定不會使好臉色，弄得不好反而更被對方討厭。如果是嚴厲的上司或前輩的話那更不在話下。

但是正因為這樣才有逆轉的機會。誠心誠意地，用真心來面對面談話的話，肯定能提高和解的機率。
只要敞開心胸、耐心解釋一定能得到對方的諒解。遇到心結難解的誤會，唯有正攻法才是不二法門。

容易表達稱讚及批評的距離是…？

稱讚要近距離，批評要遠距離

批評對方，又能帶來好意的法則便是，拉遠距離再來批評。

在美國進行了一項實驗，便是讓2人交互的挑戰解謎遊戲。

首先設定2人保持60公分及1.5公尺距離的兩種模式下分別進行。接著讓首先挑戰失敗的人，對下一位挑戰者說肯定話語及否定的話語。

結果發現，在近距離說肯定話語，跟在遠距離說否定話語時，都能讓對方感受到好意。相反的彼此在遠距離情況下，即使是說肯定的話語也會被對方認為是在拍馬屁。因為會認為從遠處批判是正常的。若想要稱讚對方的話，要靠近後再稱讚，否則對方是感受不到的。

促膝相談的說教會形成反效果

這裡介紹一個拉近距離說教，卻反而引人厭惡的例子。

上司為了向自己的部屬說教，而約下班後喝小酒，然後近距離面對面說教。原本是為了部屬好，想教導部屬，但反而得到反效果引起部屬的嫌惡。正確的作法應該是保持適當的距離，在客觀的整理好思路後，再告訴部屬哪裡犯錯，才能得到部屬的信任，帶給部屬好印象。

小房間裡擺放長桌是NG

另外還有一個實驗，當討論的話題是對2人來說不易交談的話題時，2人的會話距離會拉遠，並且開始進行交談前的時間會拉長。

要討論平常不大討論的話題，會造成場面尷尬那也是在所難免。

其中特別觀察到一個有趣的現象就是，實驗房間是在長方形3m×4m的小房間裡。比起正方形的房間，長方形的房間的最長距離較遠，正因為如此才選擇這個場所進行實驗。

實驗結果發現，無關話題、在越小的房間裡，2人開始進行交談前的時間越長。這是因為長方形小房間可營造出讓兩人心靈距離拉遠，不易交談的環境。

假設是讀者本身與情人到了長方形小房間的話，相信彼此雙方都很難找到開口說話的時機。但若是換到正方形的大房間的話，便能輕易地化解尷尬的場面。

房間的大小竟潛藏著意想不到的秘密，也關係著雙方心靈的距離。只要能善加活用的話，相信對改善人際關係會有很大的幫助。

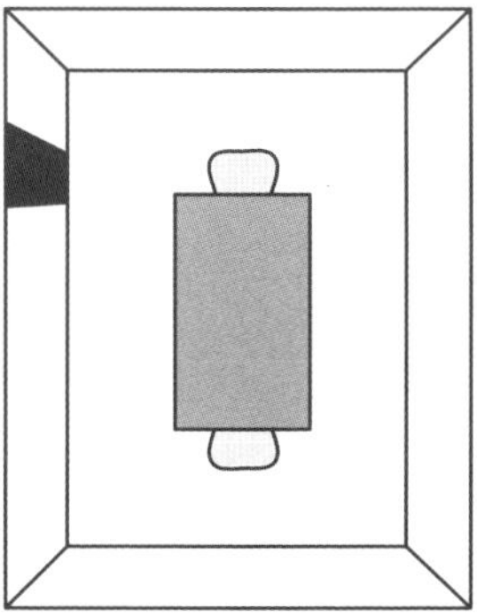

越想跟每個人都交心，對方也就離你越遠？

人際關係的訣竅便是區分界限，劃分關係。適合的朋友，就讓彼此的關係更加增進，並且維持。不適合的朋友就保留最基本的禮儀，在彼此需要的時候適時伸出援手即可，不強求、彼此關係更能長久。

不需讓大家都喜歡你

「不需要跟每個人都是好朋友」是人際關係的鐵則。雖然聽起來好像跟保持良好人際關係有些矛盾，但這是現實。

確實在人際關係裡是有必要學習如何與人保持良好關係，只要能掌握訣竅並反覆練習便能有好的成績。但是並不代表就能跟所有人都能成為好朋友。不管再怎麼考慮對方的立場，使用各種技巧，總是有無法突破的人存在。

那麼該怎麼辦呢？那便是承認這類人的存在，並且以順應對方的方式與其交往。鑽牛角尖的人也許會這麼想「為什麼我沒有辦法跟所有人都好好相處呢？」其實這只是個錯覺。因為這世上能跟任何人都能好好相處的人並不存在。

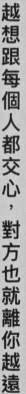

Column

與價值觀不同的人 保持距離交往

這世界上是存在著價值觀正反完全相反的人。一邊是以利益為優先，得勝才是一切的功利主義者。一邊是不喜好爭執，人與人之間和平共存相處為優先的和平主義者。

職場上的人際關係，有正反差異的價值觀存在是正常的，但是卻經常困擾著我們，令人煩惱傷神。要與不同價值觀的人的相處，就是保持適當距離、互不侵犯對方的領域。在私人的時間裡，就與相同價值觀的人相處適當地排解壓力。

當然，快速辨別自己與他人價值觀不同是很重要的。在發現對方與自己持有不同價值觀時，不要否定對方的價值觀，不刻意提出相反價值觀的話題，才能建立良好的關係。

壓力指數測驗

每項提問選出符合自己的答案並將數字填入回答欄。
最後將回答欄 A 到 F 的內容全部合計後，就是你現在的壓力指數。

		回答
A	① 已婚 (50)	
	② 太太（或先生），有在工作 (30)	
	③ 太太（或先生），辭掉了工作 (30)	
	④ 夫妻之間的爭吵變多了 (40)	
	⑤ 懷孕中 (40)	
	⑥ 最近，夫妻和解了 (50)	
	⑦ 最近，離婚了 (70)	
	⑧ 最近，太太（或先生）過世了 (100)	
B	① 與親戚往來次數變多了 (10)	
	② 最近住在新建屋或是最近屋子剛改建 (20)	
	③ 剛搬家 (20)	
	④ 兒子或女兒離開家庭各自獨立 (30)	
	⑤ 與親戚之間有爭執 (30)	
	⑥ 家族人數增加了 (40)	
	⑦ 與自己親密的親戚過世了 (60)	

		回答
C	① 勞動時間或勞動條件變化 (20)	
	② 與上司有不愉快 (20)	
	③ 被賦予了更高責任的地位 (30)	
	④ 即將離職 (40)	
	⑤ 工作需要調回正常軌道 (40)	
	⑥ 開始了至今沒有嘗試過的工作 (40)	
	⑦ 工作快保不住了 (50)	
D	① 最近有輕微觸犯了法律 (10)	
	② 睡眠習慣改變 (20)	
	③ 飲食習慣改變 (20)	
	④ 閒暇時間的應用改變了 (20)	
	⑤ 生活習慣改變 (30)	
	⑥ 在意性愛氛圍的變化 (40)	
	⑦ 親切的好友過世了 (40)	
	⑧ 最近常受傷或是生病 (50)	
E	① 有些許，少額的貸款 (抵押)(20)	
	② 有高額的貸款 (抵押)(30)	
	③ 最近貸款 (抵押) 被取消 (30)	
	④ 經濟上發生問題 (40)	
F	① 對事物執著，過於認真 (10)	
	② 個性內向，不善與人交際 (10)	
	③ 沒有特定的興趣 (10)	
	④ 沒有能讓自己放鬆心情的場所 (10)	
	⑤ 容易被情緒牽著鼻子走，易怒 (10)	
	合計	

解說

壓力指數 149 以下

沒什麼特別的壓力，對生活遊刃有餘。 當壓力可能來臨時，事前做好準備，好好思考對應的方式吧！

壓力指數 150~199

雖然有些許的壓力，但不受影響。即使是輕微的壓力也需要注意適時地排解壓力。

壓力指數 200~299

有相當的壓力存在。為了自己的將來著想，花些時間思考如何排解壓力吧！

壓力指數 300 以上

處於極大的壓力狀況下。趕快與周邊能夠信任的人聊聊，需要盡快地排解壓力！

以上測驗是參考美國霍姆斯(Holmes)博士的壓力評價尺度稍加修改的測驗。
以上測驗結果僅供參考。若需更進一步了解，請向心理或精神科專家諮詢。

Column

朝向有活潑朝氣的職場為目標吧！

在有朝氣的工作環境，工作者本身也變得有活力

能夠樂在工作的人，除了有效率地完成工作外，他的朝氣跟活力也能帶動周遭其他人，讓大家也充滿活力。

為了取得在心理學上的證實，我們使用老鼠做了實驗。給予老鼠一定的工作內容，如果沒有在有效率的情況下完成工作的話，便會產生電擊。當然每隻老鼠的能力都不同，能夠完成符合工作要求的老鼠便能避免被電擊，無法順利完成工作的老鼠便會屢遭電擊。

放置一段時間後發現，無法順利完成工作的老鼠比順利完成工作的老鼠堆積了更多的壓力。最後我們了解到，無法順利完成工作的老鼠有容易罹患胃潰瘍的傾向。

另外一方面，能不斷滿足工作要求的老鼠，會增加能夠帶來快感的去甲腎上腺素（Norepinephrine）物質。相反的，無法滿足工作要求的老鼠則是不斷減少體內的去甲腎上腺素，因此帶來憂鬱的情緒。

想要有良好的人際關係，就必須樂在工作

人類也是相同，能夠有效率地完成工作、擁有能力跟活力的上司，便能不斷地釋放去甲腎上腺素。釋放的越多，越能對工作樂在其中。這就是為什麼有能力的上司能使周遭感受到有朝氣、活力氛圍的原因之一。

一般人認為管理職是個容易情緒崩潰的職位。但是從剛才的老鼠電擊的試驗來看，只要是符合自己能力的管理職，除了不易崩潰，反而能讓心情更加愉悅。

只要處在充滿活力朝氣的職場，便容易維持良好的人際關係，部下及周遭人便能受影響，提高對工作的熱誠。所以我們說有能力的人都能散發出獨特的氣場及活力，便是如此。

如果覺得你的工作很無聊，那麼只會覺得越來越無聊。所以想要跟任何人都能有良好的關係，以開朗的心情面對你的工作也是個捷徑。

向歷史上的人物學習管理術

歷史留名的大人物們，都擅長引發人的潛在能力及其可能性。
在這裡舉過去能輕易累積聲望的偉人做案例說明：

相信部下，並發展其長才的吉田松陰

吉田松陰創辦松下村塾，並教育出不少未來推動明治維新的人才。

即使這般偉大的他，對於沒有自信、膽小的貧窮下級武士的少年入門時，也曾不安過。
但吉田松陰並沒有因此嘆氣，反而更加地激勵這位少年說「你的將來無可限量，相信總有一天一定能夠成為大政治家！」被吉田松陰激勵、期待的少年，便是未來明治維新政府的初代內閣總理大臣。這個少年的名字叫做伊藤俊輔（博文）。
人如果被某人打從心裡賦予期待時，則會不惜一切地努力回應對方的期待。這種現象在心理學稱為「畢馬龍效應(Pygmalion)」。

打造出最強軍團的武田信玄

武田信玄的不持城、不築城在歷史上有名。並以「人為城，人為石垣，人為城河，對己方憐憫，對敵人仇視」為信條，強調領民及家臣的團結心比石垣、護城河更為堅固，更為重要。

在社會心理學來說，團結心強的集團，其「向心力」也高。武田信玄認為只要有向心力，城堡、石垣、城河都是沒有必要的。

要提高集團的向心力有以下幾個條件。

1 滿足集團所有成員的要求。
2 保障集團所有成員的地位。
3 集團內保持合作關係。
4 達成目標的方法明確。
5 集團成員彼此有相信的使命。
6 集團的社會評價高、或是集團遭受外來攻擊時

武田信玄制定了「甲州法度」，對於家來（部屬）的行為進行嚴格的管理，小心維持與領民之間的良好關係，也有強化集團成員們彼此之間凝聚力的效果。

平均分配報酬的成吉思汗

蒙古草原有名的征服者，成吉思汗，在統一的路上不斷地增加伙伴，最後成為自己的部下。原因是成吉思汗與一般的族長不同，不會將戰利品據為己有，也不會優先發配給自己直屬的部下，而是都按照功勞公平的分配。

特別是遊牧民族，比農耕民族個性強悍。有「只服從能帶給自己利益的人」固定的價值觀。因此與領導者之間是建立在給予及收取 (Give and take) 的關係。因此當判斷是無能的領袖便及早切斷關係是他們的常識。

成吉思汗甚至於連自己的戰利品都分發給部下。因此才能如此打動遊牧民族的心，跟隨他的部下越戰越多。

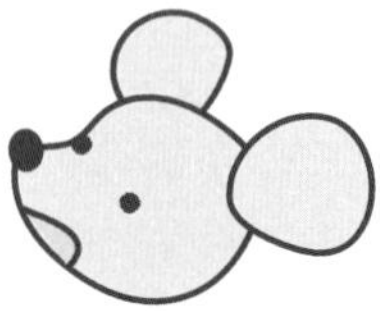

不在眾人面前指責部下

在一次的戰役，成吉思汗的麾下大將喜吉忽，在打了一次敗仗到成吉思汗面前請罪時，成吉思汗不動聲色的說：「你到今天都只習慣勝利。殊不知，戰爭瞬息萬變，因常勝滋生驕氣，又必以敗北告終，你須牢牢記取此次教訓。」 接著並細細聽取戰事狀況，檢討戰敗原因。

成吉思汗從不在他人面前指責部下的失敗。即使敗北了，也是以鼓勵代替責備。他的領導風格給予了自尊心高的蒙古武將十足的面子。這可以說是成吉思汗為何擁有眾多忠心不二的部屬的原因之一吧！

要向對方表示好意最明確直接的方式就是「誇獎」及「即使犯錯不嚴格指責」。因為成吉思汗是從來不會做出傷害對手自尊的事。

敏感度指數測試

選擇自己符合的項目，並在回答欄①或②打✔

A．進入第一次來訪的咖啡廳時，你會怎麼做？
□①先看店內客人的狀況，再決定座位。
□②尋找眼前最近的位置，毫不猶豫地坐下。

B．臨時被要求進行演說，你會怎麼做？
□①「太突然了，抱歉沒辦法」拒絕接受。
□②「小事，交給我吧！」欣然接受。

C．在挑選書或 CD 時，你會怎麼做？
□①挑選自己喜歡的東西即可。
□②先問朋友的意見再買。

D．與討厭的人共桌時，你會怎麼做？
□①壓抑自己的情緒，裝作沒事與對方聊天。
□②使臉色給對方看，沒必要的話不會交談。

E．與上司說自己的意見時，你會用下列哪個談話方式？
□①只說自己能確信的內容。
□②為了讓意見得到同意，會誇大說明。

F．被喜歡高爾夫的上司邀請打高爾夫時，你會怎麼做？（假設自己不擅長高爾夫的情況）
□①打的不好沒關係，接受上司的邀請。
□②說「我不會打高爾夫」拒絕上司的邀請。

G．在派對或宴會時，你會做什麼事呢？
□①會想要表演或唱歌，取悅眾人。
□②一邊吃吃喝喝，一邊與鄰近的人交談。

H．如果需要接待各種不同的人，你會怎麼做？
□①投其所好，聊些對方喜歡的話題來接待對方。
□②不特別做取悅對方的舉動。

I．如果能當演員的話，你會成為怎麼樣的演員？
□①演技派的演員。
□②演技差的演員。

J．在會議中發表自己的簡報時，你會怎麼做？
□①不起眼、不花俏地只報告實在的資料即可。
□②這是宣傳自己實力的好時機，會添加一些演技，讓簡報看起來更好。

K．與朋友一起看電影後，你會怎麼對朋友表達對電影的感想呢？
□①感動的地方誇大表現。
□②感動部分如實呈現。

L．如果被問到自己不知道的內容時，你會怎麼做？
□①一幅好像很懂的樣子，天花亂墜亂說一通
□②如實稟報「我不知道」。

M．在高級餐廳決定料理時，你會怎麼做？
□①看菜單決定料理。
□②聽朋友或服務生的意見決定料理。

N．看到工作偷懶的人，你會怎麼做？
□①因為是不好的事，所以會提醒對方。
□②雖然是不好的事，但不干涉對方。

O．當有人向你傾訴煩惱時，你會怎麼做？
□①先冷靜的傾聽，再表示自己的看法。
□②對於同感的內容，用強烈的言語或表情來表達。

解說

回答欄															
問題	A	B	C	D	E	F	G	H	I	J	K	L	M	N	O	敏感度指數
請打「○」	①	②	②	①	②	①	①	①	①	②	①	①	②	①	②	○合計
	②	①	①	①	①	②	②	②	②	①	②	②	①	②	①	

第一行的打「○」數量總計，就是你的敏感指數。

過敏型 《敏感度指數 = 11 以上》

這類型的你，隨時會先考量周遭的狀況後，再作決定的傾向。在人際關係上，會小心的不造成他人的困擾。有時為了在多人面前表現自己，會有稍微過度或誇大的舉止。
表面看來似乎是個很能夠適應環境的類型，但實際上由於易受他人的言行而影響，因此屬於容易堆積壓力的類型。
過度受他人左右的話，會被認為是個優柔寡斷、拿不定主意的人。

敏感型《敏感度指數＝6~10 之間》

這類型的你，對周遭環境的變化稍加敏感，擅長體察他人的心。適應新環境的速度快，對第一次見面的人也能相處得很愉快。
注重細節，對人的應對及接待非常有一套，會讓人覺得「只要交給你，一定能把對方弄得服服貼貼！」非常值得信賴。
有「八面玲瓏」的性格，但如果過頭的話，會被認為油腔滑調，對任何人都一樣。

無感型《敏感度指數＝5 以下》

這類型的你，對周遭的變化毫無關心。做事情我行我素的傾向高。不管在任何場合都照著自己的想法做，不在意他人想法，因此比較不容易堆積壓力。
但要適應新環境或建立良好的人際關係，單靠一個人的力量是不夠的，因此稍微提高對周遭的敏感度或多關心他人會比較好。

第3章

如何有效說服他人

3種容易失敗的說服方式

當我們想說服對方時，越是意圖想改變對方的想法跟態度，對方的心越往反方向行駛，心理學稱為「迴旋鏢效應」。
這個現象大都在什麼樣的情況下產生呢？以下是標準的 3 種失敗案例，提供給各位參考。

1. 不斷地只說明對自己有利的內容，以自己的立場作為優先考量的說服方式。這樣只會引起對方的反感，最後以失敗收場。
有時導致反效果，反而增加了反對者。

2. 說服的時候，設法引導出對方的缺點跟問題點之後，再徹底的攻擊對方。因為碰觸了對方最不想被提出來的內容，只會招惹對方反感，得到反效果。如此一來，越是想說服對方，對方的立場也就越堅定，需多加注意。

3. 如果選項的自由被限制了，那麼被限制的選項反而會變得更吸引人。「A 也不行，B 也不行，所以按照我說的 C 來進行就可以了！」如此說服的話，聽者反而會把焦點放到被限制的 A 跟 B 的選項上。

當說服失敗之後…

當說服失敗時，可不是這樣就結束。為了下一次的說服做準備，要讓對方覺得「好像還有些保留…」如同連續劇般，賣些關子後，再中斷話題。使對方留有餘韻，期待下一次的話題。

電視連續劇當劇情展開到高潮時，總是會出現「待續」這令人跺腳的字幕。在剛好的時機中斷，比不中斷的一次看完整段劇情更令人印象深刻。因為當劇情高漲時，人的情緒也在高點，一旦被中斷，這份緊張感因為無處宣洩，所以特別容易被記憶。

這種現象是蘇聯心理學家蔡格尼克（Zeigarnik）所發現，因此將其取名為「蔡格尼克效應」。蔡格尼克效應廣泛地被使用在交涉及談判的應用中。
利用連續劇「待續」效果，讓對方保留「還想再繼續聽下去」的心境，對於說服失敗後下一次的準備非常有幫助。

Column

當說服碰到瓶頸時，休息片刻再開始…

放置一段時間後，說服效果更佳

即使說服的過程不順利，但只要放置一段時間後再重提，說服的效果便能彰顯出來。

用盡任何方法也無法說服的對象，不妨試著將時間隔至1～2週後，對方的態度也會有所改變。說服的效果並不是在當下，而是在休眠（放置）一段時間後彰顯出來。這個現象叫做「休眠效果」。休眠效果的發酵時期，有時是1～2週後，有時候必須是4週以後效果才會出來。

要彰顯休眠效果，特別用在說服對方時，可提供的情報源不可靠時最容易看出效果。不可靠的情報，要說服自然不易成功，但隔一段時間後，對方便會對情報源及內容漸漸淡忘。

這個時候再重新開啟話題，情報的內容將影響意見的變化，與其當下急著說服對方，不如在休眠效果出現後再說服，成功率將會大幅提昇。

反覆地說服是很重要的，但是若太執著於說服對方的話，反而會招惹對方的不快，使得對方的態度變得更堅定。因此如果當說服不順利時，避開對方仍在思考說服內容的這種期間，稍微放置一段時間後，說服效果會更佳。

心理學家艾賓浩斯 (Ebbinghaus) 的遺忘曲線（上）與休眠效果（下）

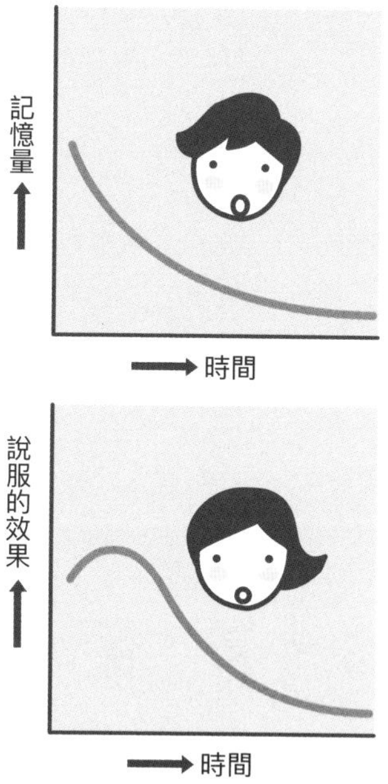

記憶會隨著時間被淡忘，說服的效果則是隨著時間彰顯出來。

Column

不帶情緒的交涉，電話談最有效果

越複雜的案件越容易解決

有些事，比起直接見面交談，電話中的交談會更適合。

心理學實施了這樣一個實驗，讓完全意見不同的兩個人，議論到兩人意見一致為止。實驗分為兩個模式，一個是「直接見面交談」另一個是「電話中交談」。實驗結果發現，使用電話交談比直接見面交談，彼此的意見更容易達到共識。並且，對於電話交談另一端的評價大多是「誠實、理性、可信賴」的印象。

為何利用電話交談能有如此的結果產生呢？原因是因為透過電話交談，看不到對方的表情跟動作，沒有多餘的情報，更能夠將注意力集中在話題上。因此，越是複雜的內容，或是需要更專注在內容上的議題時，建議可以選擇用電話交談的方式來討論。

電話交談的好處，就是比較容易冷靜的看待議題。冷靜的看待議題，彼此的立場跟主張都能比較正確地傳達給對方，也較容易找到問題解決的出口及妥協點。只要彼此的立場觀點能得到理解，不情緒化的得到解決的話，雙方都得到成就感，給予彼此的評價自然就高。

如果遇到交涉瓶頸時，間隔2日後試著使用電話再進行一次交涉吧！如果是可以預期交涉有難度的時候，在直接見面之前，可利用電話讓對方先行理解交涉內容，發揮電話交涉的優點。

相反的，如果交涉內容不牽涉到複雜或細部議題的話，則使用直接見面交涉會更具效果。

如何正確地表達情緒？

只要能夠正確地表達自己的情緒，或是正確地解讀對方的情緒的話，會更容易說服對方。
最容易表達情緒的部分，除了臉部表情以外，就是聲音。其實依表達情緒種類的不同，有時候聲音更能比臉部容易表達情緒。
像「高興、不愉快、生氣」這幾項情緒，雖然靠臉部表情便能正確地表達出來，但是「害怕」，唯有聲音能夠比表情更正確地表達。另外「驚訝」只要有表情跟聲音便能正確地表達，但相反地「高興」及「生氣」利用聲音反而不易分辨。
容易表達的情緒表現整理如下：

1. 「害怕」的情緒，在電話中可憑靠聲音來傳達，但是「高興」及「不愉快」只靠聲音不易正確傳達。
2. 「高興、不愉快、生氣」的情緒表達或解讀，與對方直接面對面來判斷是最好的方法。
3. 「高興」或「生氣」的情緒，如果伴隨著聲音一起被判別的話，準確率會降低。因此如果是直接面對面，不要說多餘的話是比較好的。

對方的情緒變化盡可能快速、正確地解讀，並且柔軟、臨機應變的說服對方。

決定印象的過程

人的印象，會在第三次見面後被決定。稱為 Three-Set 理論。

第 1 次（初次見面） **概略的決定第一印象**

「○○人，大概就是這樣的人吧！」給予對方概略的印象

第 2 次 **確認印象**

印證第一次見面的印象是否正確，再度確認一次。

第 3 次 **確定印象**

在這裡給予對方的印象會被確定、固定化

第 4 次 **加強印象**

比第一次印象更加堅固，之後要改變印象非常地困難。

如果與對方見面三次仍然得不到好印象，便不必再勉強示好，建議保持些距離會比較好。

提高說服力的五個方法

說服，就是將我方的意圖傳遞給對方，並且改變對方原本的意見、信念或態度。說服的方法有許多種，依照不同的對象或內容，利用不同的手法會更有效果。

方法 1
得寸進尺法 Foot in The Door Technique（階段性說服、階段性要求法）

一開始只要答應了簡單的要求後，下一回即使是較困難的要求也不好拒絕。利用這樣的心理提高說服力。

↓

因為前回有答應對方接受要求的意識存在，所以難以拒絕對方。

例）一開始先跟對方借少量的金額，接著下回再試著跟對方借較高的金額。

方法 2
以退為進法 Door In The Face Technique
(讓步式要求法)

一開始先設定會被拒絕的高門檻，當對方拒絕後再慢慢把門檻降低，然後再次要求。

對方因為一開始的拒絕，產生了愧疚的心理，此時降低要求門檻的話，對方會認為你已經讓步，接受條件的可能性便會提高。

例）在要求工作報酬時，一開始先提較高的金額，被拒絕的話再階段性的降低金額。

方法 3
片面提示（單面提示）

對於想主張的內容，只強調優點的部分

例）介紹商品時，報喜不報憂

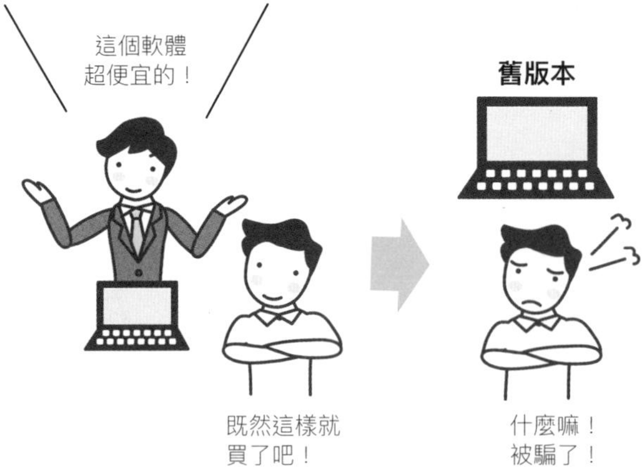

方法 4
兩面提示（雙面提示）

優點跟缺點的訊息，兩邊都傳遞

例）介紹商品時，說明優點及缺點。

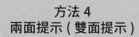

這個軟體因為快要有新版本了，所以賣得比較便宜。
我不需要新版本，快撿便宜吧！

方法 5
低飛球理論 low ball technique (先取承諾要求法)

一開始先提示好的條件，當對方答應後再改變條件。

一開始承諾了對方，心中會產生義務感，所以多少條件改變了也不易拒絕。

例) 利用高報酬來招攬工作，事後再把報酬降低。

漸昇法(climax)與
漸降法(anticlimax)

這兩個說服手法，依對方的狀態跟氣氛的不同，效果也不同。了解其中的差別，分開使用吧！

漸昇法

方法：從頭開始說明，把結論放到最後。

具效果對象：重視前情提要，或對形式執著堅持的人。

具效果狀況：對方對己方的話題有興趣的時候（面談或面試等等…）

漸降法

方法：開頭先說結論，說明放最後。

具效果對象：理論性、實際面思考的人。

具效果狀況：沒準備好要聽對方說話時、或是對話題內容沒興趣時。

提昇部下工作幹勁的三種方法

用什麼方法才能有效提昇部下的工作幹勁呢？
以下介紹較具代表性的三種方法

方法 1
在大家的面前大聲宣誓目標
「公眾宣誓 Public Commitment」

在公眾面前宣誓自己的目標的話，會為了達成目標而做更多的努力。
如果把目前的數字跟期限都具體宣言的話，更能使達成的機率提昇。

方法2
適時地指責、鼓勵及暗示獎勵

利用對部下的指責、鼓勵來提昇部下的幹勁，一般稱為外發性動機引導。鼓勵會讓部下期待下次的鼓勵而更努力。指責也要讓部下明白愛之深責之切，不要忘記加上「我對你是有期待的」「你的能力不止這樣」之類鼓勵的話，或用明確地暗示說「加油！下次課長的位子就是你的了！」如此更具效果。

以你的能力，下次課長的職位就是你的了！

方法3
製造成就感

設定部下能力剛好能夠達成的目標，提昇部下對工作的幹勁。

設定目標能引起對工作的挑戰精神，也許會失敗，但一旦達成的話，能增加部下的自信及成就感。

交給你了！
好的！我會努力達成！
プロジェクト

Column

說服上司的不敗技巧

在職場要以下對上的立場來說服上司，似乎不是這麼容易的事。從主任到課長，課長到部長層層關卡，中間就被擋下也不奇怪。
尤其層級越往上，需要仲裁的範圍就變得更廣。特別在案件最容易被檔下的層級，就是權力不上不下的課長級別的位置。

因此要說服課長，便要運用技巧，把更上一層級的立場也一起帶起來。以下幾種說法提供參考：「部長也是用○○的方式在進行，所以這個企劃案最適合不過了！」「這是按社長的想法為依據，所立案的內容。這一部分，便是參考社長平日最喜愛讀的○○的書的內容所寫。」

只要給予權限較小的課長足夠的安全感，能夠說服課長的話，一般部長大致上也能安心通過。整體案件通過的機率便會大幅地提昇。

Column

對猶豫不決的人，善用選擇題

與優柔寡斷，沒有決斷力的人一起工作，事情往往都無法有結論。這類型的人害怕擔當責任，還沒有做好能夠擔當責任的心理準備。
這類型的人希望在猶豫不決，希望能給予臨門一腳「這樣做就沒錯」或是「就這麼做吧！」希望從他人的口中決定事情，才能安心。因為由他人決定，對於自己的責任跟心理負擔也較能減輕。
如果「就這麼做吧！」對方還是「嗯...可是...」遲遲無法下決定的話，便用選擇題的方式迫使對方做出選擇。

「那麼照A這樣做、或是照B那樣做的話，你覺得如何呢？」給他複數選擇的話，就較能做出決定。如果對方回應「好像B這樣比較好」，那麼就再把球丟回「其實A的話可以這樣做...」對方便會回「不，我覺得還是剛才的B比較好」如此一來一往就漸漸地引導出對方真正的想法。

Column

交涉要在下午3點以後

利用黃昏時段來傳達熱誠

想要交涉重要的事，可選擇下午3點後的咖啡廳。因為這是精神微有疲憊，想要小歇喝杯下午茶的時間。

想要與交涉的對象，一口氣拉近距離，選擇在黃昏時段談事情是最有效果的。在明亮的房間裡，每一個人都能看得清清楚楚。但若在昏暗的房間裡的話，周遭會變得模糊，交談對象則容易被對焦，營造出與對方正在「懇談」而非「交涉」的氛圍。明亮的地方，因為什麼都看得清楚，心中多有防備、躊躇不決的狀態。只要在昏暗的地方，便容易卸下對方的防備心。

即使交涉內容是有缺陷的，在昏暗的氣氛時，大都不會被放大來看。這時只要努力地向對方傳達你的熱誠，交涉成功率便會大幅的提昇。

交涉時的 Points

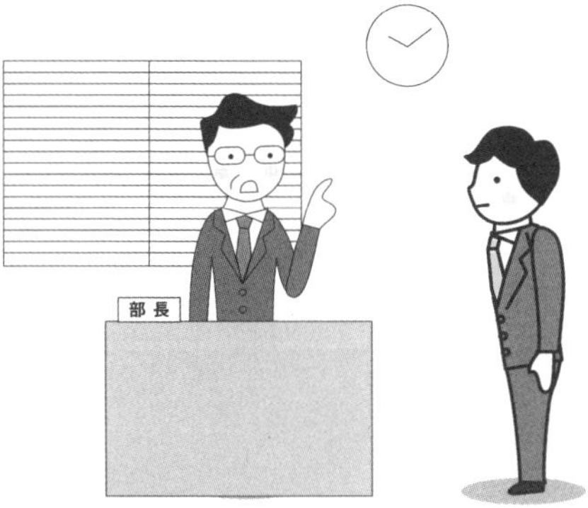

・下午 3 點以後
・盡可能換個場所
・稍微昏暗的房間
・傳達熱誠及感情

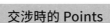

說服加分的2個Points

親切的舉動一定能得到回應

這裡做了２人１組的心理實驗，這２人被賦予對藝術品進行評分。在評分作業的途中，有幾分鐘休息的時間。其中１位男性，便買了２瓶飲料，親切的連對方的份也買回來了。當所有的藝術品都評分完畢後，這個親切的男性忽然拜託另一位同伴希望幫忙購買彩券。（其實這位親切的男性是我們安插進去的工作人員）結果實驗顯示，親切地幫伙伴多買飲料回來的情況，比沒有幫伙伴買飲料回來的情況，得到的彩券數量是２倍。因為大多數的人都會認為，受恩於人，應該要施於回報。這稱作「善意的回報」我們都在潛意識的情況下，遵行了這樣的一個原則。

不管是對有好感或是討厭的對象都能夠適用。只要能對上司、部下或同事施予一些小恩惠。在哪天需要幫助時，他們一定會予以回報的。

大風大雨才是訪問的最佳時機

為什麼在惡劣的天候訪問反而能得到好效果呢？
各位想想，正在熱戀中的人，是否會為了見一面而排除萬難呢？相同地，想要拜託人時或是說服人時，必要時提高難度的話，對於想要突破的心情跟熱誠也會隨著提高。

利用這樣的心理，刻意在惡劣的天候或交通阻塞時，去拜訪對方的話，便能給予對方「為了這個案子○○排除萬難也要來」的印象。除了能表達對此事的熱誠及重視，甚至能讓對方認為「專程在這種天氣跑來，真是過意不去！」造成對方的心理負擔及歉意。如此一來，不管是有事請託或是交涉中提出的要求，對方便不易回絕。

什麼樣的人容易被說服？

這裡想介紹的是，依性格類別的說服術。只要能分辨對方的性格類別，挑選符合類別的說服方式，便能一瞬間將其轉換為容易被說服的人。實際上有哪些類型的人，這裡按各種不同性格分別來解說。

習慣仰賴情報的人

・給予對方大量且客觀統計資料。
・不穿插我方的主觀意見，只需準備具說服力的情報作參考即可。

POINT

・說服的方式與其表達熱誠不如以冷靜客觀的方式來交談。只要能夠從提供的資料或情報中，導出我方理論的正確性，便會對我方的意見表示關心。

自尊心高的人

- 越是想說服，越頑強抵抗。
- 用強硬的手段說服，只會傷了對方的自尊心。
- 要誘導對方，覺得整件事是自己決定的，而不是被說服的。

POINT

- 說明主題仍然是以說服題材為主，但不強迫對方接受。「我覺得其實這樣不錯，但絕對不會強迫你也要這麼認為，由你自己判斷就好」尊重對方的意見，讓對方覺得有自主權。
- 把對方捧在高處，給予十足的面子。
- 只要滿足了對方的自尊，意外地容易被說服。

神經質，注意細節的人

・對於注意細節的人，將說服內容分批次、照順序說明會更具效果。

等對方完全理解了一件後，再繼續

・說明下一件，提昇對方的信賴感。

POINT

- 絕對不要一口氣把內容全部說完。
- 說服內容要有一致性，多花些時間耐心講解。
- 如果對方想更進一步知道詳細內容，說服成功率便大幅提昇。

想像力豐富的人

・不需說明過於細部的內容。

・只需傳達最精髓的部分即可，剩下便由對方自己判斷。

・只需撒餌，接下來便等待上鉤即可。

POINT

- 必須要注意的是，說服題材必須要能將對方引導到說服者想要的方向才行。

優柔寡斷的人

- 自己無法下決定，容易被他人左右的類型。
- 從結論開始說明，並說明理由。
- 說明的時候要用堅信、篤定的口吻。

POINT

- 因為容易受到周遭人的影響，所以在推薦商品時可以這麼說「這個商品大家都在使用」。如果需要對方的贊同可說「大家都對這個意見表示贊同」。
- 以周遭人的想法，作為說服的籌碼，具有良好的效果。

不讓對方說「NO」的方法

當 2 人的交談達到高潮時，常常與對方感同身受的時候，會做出與對方相同的舉動與姿勢，這個稱作為「鏡像效應」。
這樣的舉動能使 2 人的關係更加密切。
我們能善加利用鏡像效應的原理，讓對方無法輕易說 NO。

對方無法拒絕的姿勢

首先必須與對方正前方面對面，接著再模仿以下幾個姿勢及動作。

1. **當對方開始熱衷交談內容時，將身體往前傾時，你也將身體往前傾。**
2. **對方向你投出視線時，你也用視線回應對方。**
3. **對方如果手或腳有交叉動作時，你也做出交叉動作。**
4. **當對方伸手拿飲料時，你也伸手拿飲料。**
5. **對方頭向左右傾時，你也將頭左右傾。**
6. **對方用手托著臉時，你也用手托著臉。**

如同鏡像效應的名稱，就是讓自己如同鏡子般地給予對方姿勢的回應。

不要忘記點頭示意

在傾聽對方說話的時候，不要忘了適時地點頭示意。點頭是表示理解對方說話內容的證據。即使與對方有意見不同的立場，對方也會認為「對方雖然贊同我的意見，也許他也有自己的想法，點頭是為了表示對我的尊重」給予正面的評價。

但是無論怎麼做姿勢回響，對方也會有想表示 NO 的舉動。為了打破這局面，對方也許會在對話途中找些理由離開座位，希望使話題就此結束。但是請記得，千萬不要與對方一起離開座位。一旦雙方都離席，話題也就跟著終止了。如此一來前面所有的努力便會白費。因此當對方離席時，耐心地等待對方回來，便有機會再將話題拉回。

姿勢回響的效果因人而異，一邊觀察對方的反應一邊進行吧！

提高說服力的2個習慣

在自己的桌子周遭或是在自己的房間，因為是自己的地盤，因此可形成「主場優勢」。比方說像足球或是棒球也是相同，有主場優勢的情況下，勝率通常都比較高。人也是相同，在自己適應或是熟悉的環境裡，比較能發揮實力。
心理學家利用美國的學生宿舍做了一項區域性地盤的心理學實驗。讓 1 位學生（訪問者）去訪問另 1 位學生（房間的主人，地盤所有者），讓他們進行短暫的交談。交談的內容如以下 2 種結果。

1 當 2 人的意見是相符合的情況

- 訪問者會比受訪者有更多發言機會，當 2 人同時說話的時候，主人（受訪者）會先讓訪問者發言。
- 這是擁有主場優勢的主人，對局勢遊刃有餘所給予的讓步。

2 當 2 人的意見不合的情況

- 主人發言的機會較訪問者多，並且在 2 人同時說話時，主人會壓制訪問者說話的機會，搶先說話。
- 這是擁有主場的人正在對訪問者展示權威，宣示主權的行為。

再三拜訪，展示誠意

有求於人時，必須多次訪問以展示自己的誠意。
三國時代的三顧茅廬是大家耳熟能詳的故事。蜀漢的劉備麾下有關羽、張飛、趙雲等大將，每位都是以一擋百的猛將。但是缺少了熟知謀略的軍師。因此憂心的劉備便想招攬知識謀略卓越的諸葛孔明為麾下軍師。但是經過了2次的拜訪都不見本人，但劉備並未因此而放棄，到了第3度的訪問才得以見到孔明。由於劉備謙卑地禮遇下士的德行，獲得孔明的賞識，成功地招攬了這位舉世聞名的大軍師。

即使初次見面並未能給對方留下深刻印象，但只要經過多次的見面，便會開始產生好感。這種現象叫「重複曝光效應」，特別是用在第一印象不差的情況下較有效果。
因為劉備的謙卑態度，使他得到了高人望，因此身邊才能聚集許多優秀的人才。

有時大膽批判是取得信賴的關鍵

人們認為伴隨著痛苦更有價值

要得到對方的信賴，單靠誇獎或拍馬屁是不夠的。有時說些對方不愛聽的話也是很重要的。

秦始皇死後，與漢的劉邦競爭天下的便是楚霸王項羽。由於劉邦率先占領了秦的首都咸陽，見宮內華麗，寶物不計其數，打算就住在宮內享受一番。軍師張良知道此事便進諫劉邦：「秦王無道，百姓造反，打敗秦軍，沛公才能來到這裡。您為民除害，理應克勤克儉。如今剛入秦地就想享受。俗語說：『忠言勸告往往不順耳，但有利於行為；含毒的藥吃的時候很苦，但有利於治病。』劉邦聽了，立即頓悟，馬上下令關閉宮門，隨即率軍返回。

這是「良藥苦口」的典故，完全符合心理學的解釋。那麼為什麼苦言或苦藥特別有效呢？

我們針對2位希望進入某種社團的人進行了一項實驗。其中1人給予了非常嚴苛的入社條件，另外1人則可無條件入社。

當2人都成功的入社團後，我們分別訪問了2人，意外地得到不同的感想。其中1位經過嚴苛條件，突破萬難入會的人認為，這個社團是非常有價值的，並且非常滿意現在的狀況。（實際上這社團在一般人眼中，並不是什麼特別的社團。）

在經過千辛萬苦，入會後卻發現沒什麼價值，理應會產生憤慨或負面的情緒才對。但是如果這麼想的話，便等於承認了這一切的辛苦都是無意義的。為了抵消心中的反差，則會正當化自己的理由，說明這一切都是有價值的。

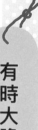

被信賴的對象批評，會看作是有價值的建言

另一方面，無條件入會的人，因為沒有入會時的辛苦和入會後的心理糾葛，所以毫不猶豫的告訴我們「這是一個很無趣的社團」。將這現象反應到方才張良與劉邦的對話，劉邦聽了張良的一席不入耳的忠言，肯定是不悅的。但是劉邦為了抵消心中不悅的反差，便會告訴自己張良的忠言是有價值的。

任何人對權力者諫言，心中難免不安，但能測試對方對自己的信賴程度。一旦接受了你的苦口忠言，今後便能再度聽取你的意見。雖然是個賭注，但是有值得嘗試的價值。

提昇對方好感度的2個Points

一邊用餐一邊交談

我們在用餐時，會對聽到的話，聽到的內容，甚至於一起用餐的人產生好感。這個以用餐方式來調高好感度的方法稱為「午餐技巧 Luncheon-Technique」。

當好吃的東西入口時，會產生心情愉快的感受。此時便會對用餐中所聽取的交談內容產生連結，產生同樣的感受。這個稱為「連結效應」的現象。這樣的技巧，除了用餐以外，好喝的咖啡、茶或是貼心小禮物、親切的笑容、幽默風趣的言談等，只要能帶給對方愉快的體驗皆可運用此原理。比如看到曾經給過自己愉快體驗的人，就會回想到愉快的經驗。此時透過連結效應的原理，便能提高對方的好感度。

留意說話的順序及氛圍

增加說服力的 2 種方式

最想表達的內容留到最後

要留意的是，話題必須要如預料中進行到最後。

想表達的內容送到前面先說

對方對話題沒興趣時，把重要的內容放在前頭較具效果。

提昇說話技術的 3 個 Points

1. **說話者為自己時，詳細觀察聽者的狀況**

   若對方有點頭示意或是視線交集的話，便可持續說明。

2. **2 人同時開口時，讓對方先講**

   如果先行插話的話，等於宣示了自己的立場高對方一階。

3. **如果對我方的話題沒興趣時，先從對方有話題的內容開始講起再漸漸地拉回我方原本想表達的正題。**

   重要的內容或是想表達的內容，可放在前面先說。

有效給予報酬的方式

不管做什麼事，每回都能得到報酬（稱為全面強化），漸漸地就容易失去興趣。就像玩遊戲太簡單，每次都輕易過關，便會感到乏味，漸漸對這遊戲失去興趣。同樣的，對女人言從計聽的男人，女人的要求輕易地被滿足，很快的就對這男人失去興趣。

但是，如果每次都能未必能得到報酬（稱為部分強化），便會像賭博般上癮。「這次沒有，但下次一定可以…」由於賭徒心態的影響，增加了對下回的期待感，而產生了動機。
就拿柏青哥（小鋼珠）來說，雖然每次都輸錢，但只要途中施於一些小甜頭，中些小獎。便會給人下次會中大獎的期待。
相同的，三番兩次都得不到美人的回應，終於有天得到美人的青睞。對於這番辛苦得來的結果，更能感受到滿足感。

既然要給予對方報酬，
就必須要有效果。

能提高幹勁的
4種給予報酬的類別

1. 採用能力主義的方式，依貢獻程度決定報酬多寡

適合對自己工作能力有自信，有企圖心的人。

2. 如按月給薪的方式，按固定時間給予一定的報酬

適合企圖心低，缺乏安全感的人。

3. 如賭博般的方式，雖無一定報酬，但工作案件越大，報酬越高

適合想靠大案子，一次取得高額報酬的人。

4. 如釣魚般的方式，設定魚餌，按時機給予報酬

適合較不喜歡被控制，按自己進度行事的人。

你是屬於哪種類型的人呢？

Column

「恐嚇」有效果嗎

輕微的恐嚇最具效果

「恐嚇」可讓對方心理產生緊張感，並迫使對方對某件事開始關注。但是施以「恐嚇」有時會造成對方的反感，卻不一定能得到滿意的效果。

我們以口腔衛生作為主題進行了心理實驗。針對「如果要有好的口腔衛生，就要準時刷牙，並且使用好的牙刷」對民眾進行了宣導。我們分別使用了「重度恐嚇」、「中度恐嚇」、「輕度恐嚇」等三種不同輕重的恐嚇訊息作為宣導文。並在宣導完畢後，馬上對民眾進行訪問得知，聽取了「重度恐嚇」宣導文的民眾，讓人非常擔心不刷牙的話就會得蛀牙或其他口腔疾病。

經過宣導一個星期後，我們針對推廣口腔衛生的情況進行了成果確認。結果顯示，聽取了「重度恐嚇」的人，並未得到任何效果。而聽取「輕度恐嚇」的民眾，卻是最有效果的。

也就是說過於重度恐嚇的文宣，即使引起了民眾緊張害怕的心情，

	「重度恐嚇」	「中度恐嚇」	「輕度恐嚇」
文宣內容（例）	如果怠慢了牙齒及牙床的保養，如圖片所示，會得到嚴重的口腔疾病，導致牙齒脫落、牙齒嚴重穿孔，並需伴隨著非常痛苦的治療過程才能得以痊癒。 嚴重的話將併發癌症或是全盲等重大疾病。	如果怠慢了牙齒及牙床的保養，便容易引起蛀牙、牙齒穿孔及牙床腫大及發炎。 如果蛀牙的話趕緊到就近牙醫診所就診吧！	如果怠慢了牙齒及牙床的保養，會導致蛀牙，及牙齒穿孔。 請隨時注意口腔衛生及勤於保養你的牙齒。
宣導方式	・用了看起來非常疼病的蛀牙及牙床發炎的幻燈片及照片。 ・強調下一個可能是「你」來做訴求。	・簡單的描述事實。 ・使用並不怎麼嚴重的口腔疾病的照片。 ・怠於口腔保養可能會導致「一般蛀牙」來做訴求。	・使用蛀牙，或是牙齒有蛀洞的「X光相片」替代牙齒較健康人的照片。 ・以「一般蛀牙」便是如此作為訴求。

參考文獻：引用「ジャニスとフェスバッハによるおどしのメッセージ」

但是並未因此成為改變刷牙的原動力，因此說服失敗。實際上半信半疑的輕度恐嚇是最具效果的。

這個實驗過沒多久，又放出了與前次相反內容的文宣「其實牙刷的好壞並不影響牙齒的健康」。但是先前聽取「輕度恐嚇」的人，並未受到任何的影響。再過了1年進行調查，聽取「輕度恐嚇」的人，到現在仍遵照著第一次文宣的內容，保持了正確的刷牙習慣。也就是說輕度恐嚇具有長時間持續的效果。

第 4 章

讓心儀對象愛上你

一同經歷恐怖體驗
能讓彼此關係更親密

男女雙方一同經歷驚悚體驗的話，會使彼此的關係變得更加親密。
以下為較具代表的內容。

- 一起渡過搖晃不穩固的吊橋。
- 在能眺望美麗夜景的高樓大廈一同用餐。
- 一起進鬼屋。

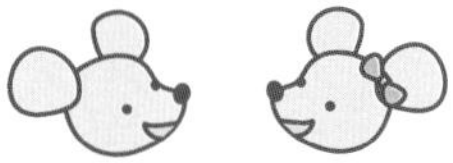

人在感受到危險時，心臟便會噗通噗通加速的跳。這個心中的悸動，其實跟碰到喜歡的人時是一樣的感受。因此恐怖體驗所帶來的心跳加速，容易對剛好在身旁的異性，產生喜歡對方的錯覺。

在心理學的角度來看，本來「恐怖」的生理現象，依狀況而異，有時會轉換成「喜歡」或「愛」的感情。這種將感受到的狀況，轉換到另一個完全沒關係的事物上，被稱為「錯誤歸因（吊橋效應）」。
這現象特別容易在青少年時期發生。因此如果有心儀的對象，建議不妨試試約在可能會發生「恐怖體驗」的地方，會有意想不同的效果。

直呼對方的暱稱，一口氣提昇親密度

要追求不輕易打開心房的人，是需要勇氣的。正因為如此，可試著直呼對方的暱稱。
必須用不刻意、很自然的方式直呼對方，而對方也能自然地接受。這樣彼此的親密度便能一口氣提昇。

以下有個小故事：
一對剛交往不久的情侶，因為一件小事而鬧了口角。女方生氣地一個人準備攔計程車離開，這時男方忽然跑出來，平時都稱呼女方的名字「OO」，這時不假思索地直呼女方的暱稱。「小O！不要走！」女方當下心中悸動了一下，從此兩人和好如初。事後每次只要提到當初吵架的這件事，女方總是很害羞的回想起：「當初你直接大喊我的暱稱，真的讓人家心中噗通噗通的跳呢！」

Column

追求心儀對象時機 要選擇容易鬆懈的黃昏時刻

●在黃昏時刻，不管男女防備心特別容易鬆懈

身體時差能支配人一整天的身心狀況。特別是大自然的節奏更是支配著人的精神及肉體。身體時差狀況一旦不好，便會感到身體疲倦，思考能力降低，防備心鬆懈。特別是1天當中，身體最容易感到不適的時刻便是在晚上。

不管是男女，在晚間的時刻，防備心都特別容易鬆懈。特別是在情緒面的感受比男性更細膩的女性，更容易受到身體時差的影響。所以如果要追求女性的話，在晚間是最佳時刻。就心理學的觀點，是有它的道理的。

●愛在黃昏時傾訴吧

大家是否有注意到，在戀愛電影或是連續劇裡，男主角總是在黃昏或晚間的時刻傳達愛意。

回想一下自己的戀愛經驗是否也是如此呢？

如果你曾經有在大太陽裡的咖啡廳，或是在上午的公園裡散步的失敗求愛經驗。不妨下次選擇黃昏或晚間時刻試試，相信結果會有不同。

引導對方選擇的究極技巧

（最想被選的項目要放到最後）

銷售員最常碰到的就是面臨客人選擇買或不買的關鍵時刻。這個時候若硬要客人做出結論的話，反而會引起客人的警戒心，選擇了銷售員最不想看到的選項。

這個時候最重要的關鍵就是發問選項的技巧。面對客人不可問「要買嗎？還是不買？」而是「不買嗎？還是要買呢？」的方式。可以試著將目標選項放到最後，讓客人做選擇。

這是利用了心理技巧，善用人習慣將結論跟選擇放到最後的習性。也許大家會問「什麼？就這麼簡單嗎？」是的，我們試著將同樣的手法換到男女之間關係的案例，大家就能明白了。

（戀愛常用的心理技巧）

這是場與心儀對象期待已久的約會。看完電影、吃完飯後，在一間氣氛良好的咖啡廳邊喝咖啡邊聊天，沉浸在美好的兩人世界當中，不知不覺地接近末班電車的時間了。這時，你心中期待的是希望對方能到自己家中過夜。你該怎麼邀請呢？

如果你是問「要不要來我家過夜？還是回去？」便是ＮＧ了。正確應該要問「你要回去了嗎？或是來我家過夜呢？」

如果只問對方一句：「要回去了嗎？」，雖然對方頓時感到安心，但也同時伴隨著失落。因為心中其實是有某些期待的。

相反地，若只問一句：「要過夜嗎？」時，對方擔心若不作聲，便會被認為是默許。所以，對方最後也只能用意味不明的短聲「恩…」來回應，最後容易不了了之，毫無結果。

對方是女性的情況下最具效果

如果一開始就問「要過夜嗎」容易引起女方的警戒心。即使後面貼心地加了「要回去嗎？」也很少會有女性能直接地回答「沒有，我不回去。我要去你家過夜」。即使是2人的氣氛良好，也很難叫女性主動開口要求過夜。因此要能在表現尊重對方，同時給予安全感，又希望誘導對方做出心中期望的選擇。將目標選項放到後面是最有效果的。

雖然「肉食系女子」一詞已經相當普及，但基本上擁有羞恥心的女性還是比較多的喔！
這樣啊！

製造好感的方法1
在人後誇獎對方

在這裡解說如何有效得到他人的好感。
有些人即使是被誇獎了也會覺得只是表面功夫，甚至產生反感。這個時候善用「間接傳達」的方式來誇獎對方，能夠得到更好的效果。除了在愛情以外的人際關係也能使用。

被討厭的對象誇獎時…

- 誇獎會認為是非善意。
- 誇獎會被認為是表面功夫，令人嫌惡。

如果是透過第三者來間接誇獎的話…

- 透過第三者傳達的訊息，較具信賴性。
- 誇獎者能受到好的評價。
- 有些時候，對方會回應誇獎者的好意。

在人後誇獎對方，可提高誇獎內容的可信度，比直接誇獎具 2 倍以上的效果。

製造好感的方法2

個性或興趣不同的情侶，尊重與理解彼此的興趣，是維持長久良好關係的秘訣。

無共通點

喜歡看戀愛電影

討厭看電影，尤其是對戀愛電影沒興趣

破局

有共通點

雖然對戀愛電影，沒什麼興趣，但嘗試看看吧！

上次看的那部電影如何呢？

關係更加親密

Column

邀約公司同事的有效台詞

工作結束後「我這邊也結束了，要不要一起走呢？」，走在路上「要不要在這附近喝點什麼東西再走？」這是一般邀約公司內同事最有效的台詞。如果對方防備心較重的話，可試著多製造幾次一起回家的機會，提高邀約成功率。

離開公司後，離公司的距離越遠，邀約成功率越高。對方也比較容易接受私人的邀約。
剛開始對方只會認為「只是單純順路一起回家，應該沒關係吧！」防備心較鬆懈。只要在此時順勢地提出其他的邀約，一般成功率都較高。所以一開始不需勉強直接提出約會邀請，先製造一起下班的機會，接著再按狀況，進一步地提出邀請即可。

Column

想要增加親密度，小酒吧比餐廳更有效果

文化人類學者霍爾（Edward Twitchell Hall Jr.）說明，人與人之間的物理距離，與心理距離區分為 8 種距離。
其中一個「親密距離／近範圍」是在物理距離 0~15 公分的距離。是用於愛撫、格鬥、安慰、保護的距離。只有至親的人才能靠近的距離。並不適用在言語上的溝通範圍內。
在相同的「親密距離／遠範圍」區域，是在 15~45 公分的距離。也是較親密的人使用的距離。

一般親密距離，是只適用於親密伴侶身上。所以非情侶的異性，如果進入了親密距離的話，心裡會噗通噗通跳，並開始意識眼前的異性。

只要縮短了心理的距離，便會縮短物理的距離。相對地我們可以利用縮短物理的距離，來縮短心理的距離。如果想提昇與對方的親密關係，與其在餐廳隔桌對坐，不如選擇小酒吧的吧台並坐，進入對方的親密距離，大幅提高彼此的親密度吧！

Column

親自手寫信件或賀年卡

在現今科技發達的時代，人們不需見面就可以輕易地與他人取得聯繫。正因為處於這樣的時代裡，我們更應該在特殊的節日裡，親筆寫封信或寫張卡片來問候重要的人。

其中一項就是賀年卡。
只要是有認識的人，不要忘了每年親筆寫一張賀年卡表示問候。同樣的內容，電腦印刷的文字與親筆寫的文字卻大不相同，因為親筆寫的文字裡，可是內藏大量的「情緒情報」。

親筆寫的文字是字跡工整，還是字跡潦草；或是急促或是慢條斯理，從文字可以看出書寫人的性格及情緒表現。
因此可以說文字裡藏有大量書寫人的情報。比起印刷的文字，無關美醜好壞，親筆書寫所帶給對方的印象大大不同，能讓人看出書寫人當時的情緒，湧出親切感。所以，每年佳節或旅遊在外，不妨寫封明信片問候對方，絕對能帶給對方好印象，為自己加分。

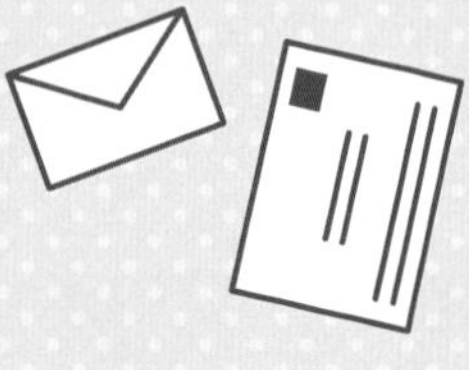

Column

使用手機簡訊或通訊軟體，快速提供有用的情報

由於與親筆信件不同，傳訊息因為無法從文字看出任何對方的情緒，因此盡量傳送簡潔快速、並且提供對方有用的訊息是提昇好印象的方法。

比方說，對方是喜歡美食的人的話，發現了好吃的餐廳，便馬上傳訊息告訴對方。如果是喜歡電影的人，便可以比誰都更快地傳遞電影最新情報給對方。當然個人喜好有所不同，傳遞訊息的量以不增加對方負擔的範圍內，傳遞有用的訊息給多方吧！

利用傳訊息的方式，在對方尋求幫助前，成為對方認為貼心有幫助的人吧！

稍微改變說法，便能提高對方的好感度

以下內容，只要能稍微改變一下說法，便能提高對方的好感度。

○「那麼下次再見囉！」
✕「下次會再見面吧！」

○「我們」
✕「我和你」

利用「我們」的說詞，能讓對方感到歸屬感，強調 2 人的同伴意識。

○「我喜歡麻美小姐」
✕「我喜歡那女的」

○「我想見麻美小姐」
✕「我要見麻美小姐」

○「我們的關係良好」
✕「我們有過良好關係」

○「我覺得我們的進展不錯」
✕「我覺得我們應該進展不錯吧！」

不同的說法，能拉近彼此的距離，也能使彼此的距離更遙遠。

容易成功的告白方式

除非是被心儀的對象告白，否則被不認識的人出乎意料的求婚「請嫁給我吧！」，正常人都應該會當場拒絕。

其實這只是「要不然，可以跟我交朋友嗎？」的前置作業。並且以結婚為前提，與女方反覆約會的戰術。

明明知道對方會說 NO，一開始故意提出對方無法接受的要求，遭拒絕後，便將要求門檻降低，迫使對方答應。

這便是心理學上常用的「以退為進法」Door In The Face Technique。

一開始就提出高門檻的要求後，再將門檻放低。會讓對方覺得說服者已做了讓步，這邊也不得不作些回應。因此在放低門檻後的要求，通常通過的機率都相當高。

與107頁的內容相同，這是熟於戀愛的人慣用的手法。

男女之間如果發生爭執的話……

女性可能有的4種反應

女性可能會有以下幾種反應，此時男性應該如何對應呢？

1 女性什麼都不說話，鬧彆扭。或哭。
男性：「妳在鬧什麼彆扭啦！」或是「妳哭也沒用！」

2 女性：「你知道你有多傷我的心嗎？」
男性：「不要太情緒化，冷靜一點！」

3 女性：「我真的搞不懂你，你到底想要我怎麼樣？」
男性：「妳應該要再客觀一點！」

4 女性：「為什麼你總這麼固執，不聽別人的意見！」
男性：「我很忙，光工作的事就煩死了，沒空聽妳講！」

這幾個案例是心理學調查出最具代表的幾個台詞。由於男性與女性對事情的處理態度不同，導致彼此都以火上加油收場。

要成為受歡迎的男女，便是避免陷入以上的台詞迴圈內。

當男女發生爭執時，會有怎麼樣的傾向，我們得到了以下的調查結果。

首先男女雙方一致認同的內容為以下4個項目。

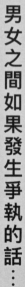

1 女性會有想要依賴他人的傾向
2 女性比較容易受傷害
3 女性認為彼此雙方應該要針對問題及理解彼此的心情，好好溝通才對。
4 女性對於男性為何無法與自己一起煩惱而感到不滿。

女性回答者對於3跟4的選項特別同感。

而男性回答者認為以下3項是男性的特徵。

1 不喜歡被女性干涉太多
2 會利用工作為理由逃脱
3 覺得自己比較理性，對事情比較有判斷能力

當發生爭執時，女性希望對方能夠給予保護、安慰與協助。而男性對於自己的能力過於自信，不希望女性干涉太多自己的事。常常利用工作為藉口逃離爭執的現場。因此女性便開始責備「你為什麼逃避，不好好聽我說話呢？」以致傷口越發擴大。男女個性千差萬別，可能因為小口角就導致分手。換個角度想，也許因為這樣，才有機會開拓與過去截然不同的人際關係或是新的戀情也說不定。

Column

我們兩個適合嗎？

數據化，便能客觀判斷自己的另一半

目前跟自己的另一半是否真的適合呢？對現況是否滿意？在這裡可進行統計測驗。

首先在下一頁的回答欄「　」裡，填入對方的名稱。

接下來分成兩部分，「你認為的重要度」中依重要程度順序分別填入5～1的數字。

「〇〇的評價值」中，依另一半的表現，最高評價為5，中間為3，最低為1。分別將5～1的數字填入。

這個統計測驗是參考美國心理學家關於「選擇配偶者的經濟樣本」所製作的測驗。統計出來的合計點，與他人的結果比較後，可了解對目前狀況的滿意程度。

如果候選對象有2位的情況，也請將2人的合計點數計算出來。分數結果較高的人便是較適合自己的對象。只要將測試的條件進行變更（如：領導能力、技術能力等……）也可以作為挑選工作伙伴時的樣本測試。

條件	你認為的重要度		「○○」的評價值		計
容貌	（ ）	×	（ ）	＝	
智慧	（ ）	×	（ ）	＝	
經濟能力	（ ）	×	（ ）	＝	
談話素質	（ ）	×	（ ）	＝	
可利用程度	（ ）	×	（ ）	＝	

不要在吵架後進行！冷靜的時候再做統計比較好。

尋找共通點，通過模仿取得好感

人與人之間的關係，因為性格、能力、容貌、興趣有某些共同的相似點，才會相互吸引，彼此也比較容易產生好感。這個理論用在戀愛也是通用的。以下幾項內容，只要製造出與對方相似的共通點，戀愛的成功率便會提昇。

- 熟知對方的習慣
- 配合對方的穿著品味
- 了解對方的興趣

首先就從對方的外表穿著開始模仿吧！只要對方發現彼此的共通點，便能對自己抱有好感。
原本人類就對尊敬或崇拜的人有模仿的習性。因為喜歡對方，希望變得和對方一樣，才會模仿對方。
當看到與自己外貌或習慣相近的人，因為感受到對方對自己抱持著好感，所以也會同樣回報對方。
這個稱作「善意的回報」。

如果找不到共通點，便模仿對方的動作與節奏

如果真的找不到與對方的共通點，那該怎麼辦呢？
就是直接模仿對方的動作跟習慣。如果對方將頭傾向右邊，你就將頭傾向右邊；如果對方用手帕擦汗，你也拿出手帕擦汗；對方用手撐著臉頰，你也用手撐著臉頰。把對方當成鏡子做同樣的動作，便是造成共通點。

我們做了這樣一個實驗，讓初次見面的男女進入房間裡交談。並指示其中一位，就是一邊模仿對方的動作一邊與對方交談。
過了一段時間，實驗結束後。我們訪問了被模仿人的感想，結果分為以下 2 種如下：

- 覺得自己很喜歡對方
- 覺得自己很喜歡對方，也覺得對方比想像中更喜歡自己。

但是被模仿的人都沒有發覺自己被模仿。如果約會中，沒什麼進展的話，試著模仿對方呼吸的節奏，也是有效果的。有默契地配合對方呼吸，與對方「氣味相投」，相信將會是一場不錯的約會。

Column

近水樓台先得月，住家近就離結婚近

物理距離越近，心理距離就越近

不管是日本或是其他國家，結婚的情侶是基於什麼理由結婚，分手的情侶或失敗的婚姻又是基於什麼理由離開對方呢？

美國心理學家柏泰 Bossard 將此作為主題進行了研究調查。研究結果顯示「已訂婚的人，成功結婚的機率，會因為雙方所在距離越遠，越難以實現。」

而分手的案例，則是兩人居住地的物理距離越遠越容易分手。物理距離越遠，心理的距離也相對的拉大。相隔兩地，見面的機會便會減少。若是住在同個城市，也許隨時都可以見面。

但遠距離戀愛因為無法經常見面，一次約會需花費的時間跟路程，對於彼此的負擔都大，感情自然容易變淡。

約會中越親密的情侶，距離越近

住的越近，越能經常見到對方，自然親密度便容易增加。是從相識到結婚最容易順利展開的環境。

居住的距離，對2人心理會造成極大的負擔。因此如果有喜歡的對象，希望能有順利的進展的話，搬到對方住家附近是個好方法。如此一來可減少雙方見面的負擔，是個培養感情的好環境。因此想製造好的戀愛環境就從搬家開始吧！

在平時約會中的情侶，也能看到泰柏的法則。你會發現越熱戀中情侶，彼此距離越近。而剛交往不久的情侶，則是親密度不高，生澀地保持著距離。

想提結婚時的2種技巧

不管再完美的人都有缺點，如果想向對方表達自己的優點時，該怎麼做比較好？
這裡分成 2 種技巧性的說法。

只強調優點的部分（單面提示）

- 適用於只差臨門一腳時。
- 想對單戀的對象表現自己時。
- 對方與自己有相同的想法與立場時。

交往中的情侶，也許彼此都有想過婚姻話題，但由於未進一步的鼓起勇氣面對，最後就這麼無疾而終。這個時候建議可以使用單面提示的方式強調自己是個適合結婚的對象，勾起對方想結婚的欲望。
強調自己優點的部分「我常被認為是個身體健康，個性開朗的人，跟我結婚的話，我相信一定可以建立一個有歡笑的家庭。」給予對方正面的印象，使對方也能鼓起結婚的勇氣。

同時指出自己的優點跟缺點
來吸引對方的注意（雙面提示）

- 雖然將來想結婚，但對方對婚姻是採消極的態度
- 想要將真實的自己呈現給對方
- 單面提示沒有效果時

「我雖然不大會打掃，但是論廚藝的話，不會輸給任何人！雖然家裡會有點髒亂，但每天可以吃到好吃的料理哦！」像這樣把自己的缺點跟優點同時排列說明，便是雙面提示的技巧。因為缺點的部分已經做過說明，對於對方有預防針效果。這就是雙面提示的功效。

如果過度使用單面提示的話，會帶給對方「自我感覺良好」的負面印象。因此適時表示自己軟弱的一面，保持正負平衡是相當重要的。

約會時不可獲缺的加分動作是？

Column

微笑、視線的功效

約會的時候面無表情，或是只有禮貌地「你好」基本上是不具任何功效的。微笑能在初次見面的時候給予好印象，有效吸引對方的注意。微笑的同時若加上眼神交集的話，就更加完美了。

肢體接觸使對方留下深刻印象

約會最大的課題就是想辦法找到肢體接觸的機會。尤其是勾手、牽手最具效果。要踏出第一步確實需要勇氣，但可以在約會當中或是行走中運用一些高度的技巧。比方說在進入電梯時，可順勢地觸碰對方的手肘引導對方進入。善用技巧，多增加肢體接觸的機會。

約會結束的告別，是最後的機會。

千萬不要只說「謝謝妳，今天很開心」就離開了。請一邊微笑一邊看著對方的眼睛，握著對方的雙手說。離別時的肢體接觸是能否再有下一次約會的關鍵。

如果你認為「握著對方的手……好害羞哦……」的話，那就輕輕接觸對方的手肘吧！這樣同樣可以讓對方留下深刻的印象。

直接見面或用電話交談的適當時機

如果有事的話，直接見面交談或用電話交談，哪一個比較有效呢？
直接見面與電話交談的差別是，直接見面可以直接看到對方的情緒及表情。

電話交談的情況

- 需要說明具理論性的內容
- 一般事務項目的確認
- 希望情報或內容能正確傳達時
- 需要整理複雜內容的話題，不希望有多餘的情報摻雜時
- 希望讓對方把焦點集中在談話內容時
- 想正確傳達我方的觀點時

直接見面的情況

- 想表達情緒在話題裡
- 想讓對方看見表情或肢體動作時
- 想表達的內容無法直接表達，希望婉轉表達時
- 想利用多餘的情報，干擾、曲解談話內容時
- 想唬弄對方，模糊談話內容的焦點時

吵架的時候，該見面還是使用電話？

吵架後的收尾該用哪種方式比較恰當呢？
如果想要找到彼此的妥協點，讓整件事落幕的話，使用電話是比較正確的選擇。因為使用電話能將彼此的立場正確地表達，能快速地理解內容，建立彼此的信賴。

如果見面談的話，彼此會受到多餘的情報干擾，可能出現以下對話「你的意思是說我不對囉？」「我不是這個意思」「看你的樣子，感受不到一點誠意」。如果見到彼此的表情的話，受到情緒的影響，很可能讓事態變本加厲。即使和好了，彼此也會殘留不信賴感，無法打從心底認同對方。

但是相反的，如果彼此的愛情發展順利，信賴度高的情況下，見面談也許效果更佳。因為能看到對方的表情跟動作來輔助，所以會比用言語的告白更能有誠意地表達歉意。應依當下的狀態來判斷，再決定要用哪個方式比較適合。

Column

為什麼住院時會對護士產生好感？

讓關係更靠近的床邊效果(bedside technique)

住院的患者通常是處於精神較不穩定的狀態。在這樣的狀態下，渴望有人能陪在身旁的需求會增強。

對於醫院的護士來說，握握病人的手，或為病人擦身體在他們看來是屬於治療的一環。這個便稱為「床邊效果」，因為護士帶給患者的安全感，能讓患者把自己安心交給護士，護士也能有效地與患者溝通。患者通常容易對這行為產生錯覺，所以常有病患在出院後，向護士提出約會的邀請。

這裡的關鍵是在於「住院中」的狀態，對於住院中的患者而言，醫院與外界環境隔絕，因此能夠交談的對象就只限於護士。

當對方失落的時候，最具效果

相同的行為，在一般社會或在醫院進行有很大的差異。平時看似普通的小動作，在醫院卻可以得到截然不同的效果。為病患看護、削削蘋果皮，整理病房或是幫病患搓搓身體。這些行為，在對方健康的時候，根本不是什麼大不了的事，但在住院中這些小動作被認為格外地貼心。

這是由於病患在醫院，身體行動處於被約制的情況下，所產生的錯覺。

另一方面，住院中也是公開彼此關係的大好機會，可藉此將客觀的事實，闡述給周遭的人明白。

床邊效果不止能應用在醫院。當對方因為失敗而心情低落的時候，這時最需要的就是一個談話的對象。此時可看作是護士對病患看護的心態，好好傾聽對方的心聲，雙方的關係一定能往好的方向發展。

在對方生病的時候靠近，迅速地發展成情侶的例子很多。這樣的道理就明白了吧！

第 5 章

征服難攻不破的對手

讓第三者介入的話能使交涉更順暢

善用對方信賴的第三者

當正在說服交涉對手時，如果搬出對方熟識的人說「相信○○先生一定也會很高興！」的話，便能容易取得對方的同感。

如果對交涉對手來說○○先生是他信賴的對象的話，便會認為「既然○○先生都這麼說了，那肯定沒問題！」。即使是陷入交涉困難的窘境，也能順利地得到解決。這是運用了心理學的「平衡理論」的技巧。

平衡理論簡單的說，就是人時常都有保持人際關係平衡的心理。當感到有可能失衡時，便會為了修正平衡而改變自己的意見或想法的傾向。

這個理論用於剛才的內容來看的話，當你與交涉對手的關係並非這麼密切時，搬出了與對方有良好關係的○○先生。因為○○先生介入的關係，你們的關係因此取得了平衡。對方也因為「既然○○先生都這麼說的話…」而認同了你的意見。

這個案例，交涉對手對於○○先生越信賴，則平衡理論越能發揮效果。因此在與對方交涉感到困難時，可以事先調查對方與誰合作？對方信賴的人是誰？待確實收集情報後，再與對方進行交涉吧！

Column

批判對方的競爭對手

如果因為疏忽於事前收集對方的情報，而將對方厭惡的第三者作為交涉的籌碼，將會得到反效果。

比方說「XX 先生，也覺得很高興呢！」原本希望利用第三者取得贊同，但沒想到是交涉對象的競爭對手「XX 先生也覺得高興？那個人的眼光很差呢！」反而得到了反效果，讓交涉陷入困難。

如果想用平衡理論來取得對方的信任，可以與交涉對象同一陣線，向競爭對手做出否定的意見。「你討厭的對象，我也討厭」讓對方感到氣味相投的話，交涉便能往好的方向發展。

對於第三者的批判，不可以針對人格進行否定，必須對工作或方針上進行否定。
如果過度對於人格進行批判的話，自身的品格也會遭到質疑。

Column

非得請對方幫忙時的絕殺台詞「我只有你能幫忙了…」

對於自尊心高的人特別具效果

「我只有你了…」通常是用在愛情上的終極台詞，但有個地方能讓這句話發揮得更具效果。

那便是用在想要請求對方幫忙時的台詞。

比如說，在工作上被期限逼得火燒屁股時；手邊卻有一大堆事忙不完時；或是緊急需要用錢時，可說「這種緊要關頭，只有你能幫我了！」「除了你以外，我沒有辦法依靠任何人了！」讓對方感到備受需要跟重視，自尊心越高的人，越能成功地得到對方的協助。

禁止使用過度

請求對方幫忙時，為了讓對方感到緊迫性跟對方的必要性，所以態度上絕對不能讓對方感受到「這件事其實誰都可以做」、「只是剛好選到你而已」的隨便態度。「我只有你」這種依賴性台詞，只能在緊急狀況時使用，過度使用的話，只會帶給對方不信任感。
態度上切記要讓對方感受到「僅次一次！下不為例」的決心才行。

緊要關頭被需要是件令人高興的事。
「我只有你…」這句話，令人心兒噗通噗通跳…

Column

如何讓難以應付的對象陷入你的圈套？

從容易答應的事開始說明

銷售業務員就是利用「聽聽就好，不買也沒關係」來引君入甕，讓你一步一步陷入圈套。一開始可能會認為，只是聽聽的話應該沒關係，但對於銷售員來說販賣商品就是他們的使命，當然不可能輕易放過你。聽完銷售員說完後，接下來就是「如何？買一個就好」但你一旦接受了，便是「買整套價格會便宜很多⋯⋯」慢慢地將要求提昇。

一開始先提出不易拒絕的小要求，再逐漸將要求的等級升高。這是心理學的高難度技巧，可以將拒絕你的人慢慢陷入你的圈套。

在工作上，如果忽然要求對方接受以往完全不同的做法，一般都難以被接受。所以一開始，先提出不容易拒絕的簡單要求「如果是這種程度的話，還能接受」，在取得對方的同意後，再慢慢將要求等級提升來達到最初的目的。

10 分鐘就好了…
如果是 10 分鐘的話，好吧…
關於○○的貨，接受 1 件就好了…
如果只有 1 件的話，好吧…

Column

想取得上司的信賴，不能只說好聽的話

聰明的上司就會知道，平時常誇獎自己的下屬，雖然容易對他抱持好感，但一到緊要關頭時，這類的人會被列入不信賴名單內。
但是當自己犯錯時，能適時地在自己面前提出指正的人，即使心理感到不悅，但至少會給這位下屬為人正直的評價，因而產生信賴感。

雖然每個人都喜歡聽到好聽的話，但如果被過度誇獎的話，有時反而令人感到不安。每個人都有缺點，明白彼此的缺點，長期磨合改善，才能建立安定良好的關係。
對於能適時地在犯錯時提出指正，還能認同自己的部下：「相信這個部下，哪天我失敗了也不會棄我而去」若能與上司建立如此的信賴關係的話，相信你的上司今後也會用相同的誠意對待你。

Column

讓長久不被認同的部下認為自己是被期待的

人類是渴望被他人需要及認同而活著的動物。在公司也是一樣，每一個人都希望自己的工作能力能得到認同。但是公司內也存在著無論再怎麼努力都無法被認同的一群人。
這些人因為得不到掌聲，而漸漸對工作失去熱情。進而產生「反正怎麼做都一樣，隨便啦！」的消極態度。為了能讓自己的心理得到平衡，便以「我不是沒有能力，而是對這工作沒有熱情」來合理化心中的不平。
這樣的部下，因為沒受到關注而鬧彆扭。為了提升他的工作熱情，需讓他覺得「我對你抱以期待」，並且讓他知道，你正在關注著他。如此一來為了回應上司的期待，便會努力拿出好成績。
也能用另一種方式來鼓勵對方，就是尋找這個人較容易發揮的專長，並交辦工作給他。「這項工作只有你能做」「這項工作是你的得意項目」除了容易得到好的工作成果外，也能增進對方的自信心。
不是每個人都是萬能的，但是總有一個不輸給任何人的項目，找出這樣的項目，重新點燃部下對工作的熱情吧！

提高彼此信賴度的道歉方法

因為工作上的出錯，造成客戶的困擾。雖然很努力地道歉，但客戶就是認為感受不到誠意。有時候道歉的心意若是無法確實地傳遞給對方的話，就不會被認為是真心誠意的道歉。

善於道歉的人與不善於道歉的人的差別？

善於道歉的人，通常也善於處理人際關係。這類人即使是犯錯了，也很容易被原諒。在人際關係方面也因為善於縮短與對方的距離，所以即使人際關係出了小問題也容易被修復。

那麼善於道歉的人究竟跟其他人的道歉方式有什麼不同？首先，善於道歉的人，不管對錯，只要對方不滿意就是自己的錯。只要能跟對方建立良好的關係，就能毫不猶豫地馬上道歉。

不善於道歉的人就沒辦法做到這點。不善於道歉的人與善於道歉的人完全相反，不管對錯，首先考慮的事就是能不道歉就不道歉。因此即使是道歉，很容易就被看出缺乏誠意。結果最後只會讓事態惡化，變得更嚴重。

用謙卑的態度來道歉

道歉的用意就是為了消除對方憤怒的情緒。如果錯在自己，卻不道歉，只會讓對方的憤怒爆發而已。正因為如此，若發現對方正在生氣或是看起來快生氣的樣子，二話不說應該馬上先道歉才對。

面對生氣的人，必須用謙卑的態度來道歉。因為所謂的「生氣」這個情緒舉動，也包含了自己與對方的地位誰上誰下的確認行為在內。因此刻意壓低姿態，謙卑地道歉的話，一旦滿足了對方的自尊心欲求，自然怒氣也會隨之減低。
另外有一點需留意的是，道歉時的眼神千萬不可過於強勢。被對方認為是具有反抗或是挑戰性的眼神的話，那麼所有的道歉都將付諸流水。

Column

道歉時不該說的話

「不好意思」不可頻繁使用

當發生問題時，雖然想盡早跟對方表達歉意，但是必項要注意的是，不要過於頻繁或連續使用「不好意思」的道歉用語。

「不好意思」這個用語，因為有時並非只有使用在道歉的場合，因此當真的需要用在道歉時，只會被認為不帶誠意，只是為了想快速脫離現況的說詞而已。

因此當工作上的疏失或是遲到時，光是一句「不好意思」無法明白是針對什麼在道歉？對什麼事反省？只是一句為了應付場面的話，對方自然感受不到道歉的誠意。

將道歉內容明確說出

比方工作上有了疏失或是遲到的時候，應該說「因為自己的不謹慎而造成疏失，非常的抱歉，下次一定會小心不再犯錯」或是「由於自己的不注意而遲到，非常的抱歉」等，重要的是道歉的內容要親自從自己的口中說出，這樣才能將道歉賦予實質的意義。表面的道歉是無法傳遞到對方心中的。道歉時要記得真心誠意地將內容表達清楚！

Column

只道歉對方認為有問題的部分

當發生出錯時，道歉的方式有很多種，在這裡介紹較高難度的道歉手法。
一樣的道歉方式，應當時的狀況及對象，效果也有差異。有時不論對錯全面道歉會比較好，但有時若想保全我方的信用度的話，只需針對出錯的部分，或對方最在意的部分道歉就好了。
其他毫無相關的部分一概不需要道歉。關於錯在哪裡跟哪裡沒錯，在這裡需明確地區分出來。

在這裡重要的是需要對此事握有主導權，針對我方出錯或是對方最在意的部分，好好地道歉。但其他的部分便持續與對方保持關係對等的立場。
比方說，因為公司有一批商品出現了瑕疵，而造成合作廠商的困擾。此時的道歉方式，如果不是針對出錯商品的部分，而是對全商品進行道歉的話，恐怕很難再接到下一回的訂單。因此必須要讓對方了解，出錯的只是其中的一批商品，並非全部。只要將有問題的商品進行修正的話，便可以正常出貨。
如果在這裡做了錯誤的判斷，針對全商品進行道歉的話，輕則失去了這次這筆生意，重則影響公司整體的商譽。因此道歉時需謹慎選擇正確的道歉方式。

Column

針對對方在意的部分進行道歉

向對方道歉後，仍然不知道問題出在哪裡的話，實在是令人困擾的一件事。在商業的世界裡，便會因為一句「非常對不起」而失去了公司的信譽。

公司出錯，誠心地向對方道歉是應該的。但是要知道的是，依道歉方式的不同，會出現得到對方的原諒，跟得不到對方的原諒兩種結果。這兩者的差異在於，道歉內容裡是否有將對方在意的部分放在裡頭。一旦出錯後不先明白事理，便馬上找理由推拖，只會激怒對方，事情得不到解決。因此道歉之前必須要先了解，對方在意的是什麼？究竟為什麼生氣？要如何道歉才能得到原諒，請仔細思考之後再道歉吧！

輕鬆解決抱怨的2個方法

讓對方盡情地說話，便可將怒氣減半

商業的社會裡，多多少少都會接到對公司或商品不滿的抱怨電話。如果對應得不好，不但無法使客戶息怒，反而火上加油，落得適得其反。應該對於客人的抱怨，必須謹慎處理。

對於抱怨的最佳處理方式就是，盡可能地扮演好傾聽者的角色，讓對方想說多少就說多少。待對方情緒稍稍獲得平靜時，再慢慢地明確客戶抱怨的原因是什麼。這個在心理學上稱之為「說話療法」。可利用聽取客戶抱怨的這段時間，整理問題點，分析狀況及解決方式。

在對方情緒失控的時候，甚至於會不知道自己到底是為了什麼在生氣，因此我們必須徹底地扮演好傾聽的角色，尋找解決問題的出口。

當對方情緒獲得平靜後，再次確認對方的抱怨點「這裡因為……所以造成您的不滿，是嗎？」切記，真心誠意地將客戶的話聽到最後，是非常重要的。

中途插嘴的話只會造成反效果

應對抱怨經驗不足的人，會意圖降低對方的怒氣，而插嘴「○○先生，請您冷靜點」「○○先生，您不用這麼大聲我也聽得到」，在這裡是一點意義都沒有的。甚至會回應「我沒有！我很冷靜！」「我沒有很大聲」如此一來只會讓事態更加嚴重。最好的應對方式，便是耐心地聽客戶把話全部說完。

讓抱怨的客人盡情說話的3種效果

1 洞察

在說話的過程當中，釐清問題所在

視情況，有時客人會覺得，其實這也不是什麼大不了的事

2 淨化

藉由說話讓心情得到宣洩

想說的話都說完的話，會覺得「就這樣，隨便啦」態度軟化

3 鎮定

對於傾聽者產生好感

如果中途插嘴，試圖說明理由的話，只會火上加油

即使對方說了不好聽的話，就當作是傾聽朋友抱怨
先處理對方的情緒，再處理事情。是解決問題的第一步

但是相同的抱怨內容，也許會有另一種「這到底是怎麼回事，麻煩你說明一下」這種要求進行說明的類型。對方可能會一邊聽取你的說明一邊找語病來攻擊你。這類型的客戶較不容易處理。

不管怎麼說，抱怨內容處理不好的話，事態也可能往嚴重的方向發展。因此你的應對是否妥當，將關係著你個人的評價高低也不為過。

Column

如何有效解決紛爭？

LEAD法

研究組織交流學問的心理學者保羅・史托茲（Paul G. Stoltz）為了從紛爭中擺脫最糟情況的方法稱為「LEAD法」

「Listen（傾聽）」
「Explore（探求）」
「Analyze（分析）」
「Do（行動）」

為「LEAD法」的4個重要元素。

不可以說的禁語

「傾聽」不止可以用在解決紛爭，也能活用在與商業對象交涉時使

與其拼命的解釋，不如
好好聽對方說話，尋找
解決問題的關鍵。

用。如果不了解對方的想法，便難以按自己的步調進行交涉。此時傾聽對方說話是很重要的。

當正在傾聽對方說話時，不可使用「話雖這麼說」、「但是」、「可是」的否定話語回應對方。雖然有時會忍不住想反駁對方，但是這只會造成刺激對方的效果而已，沒有任何的意義。

另外需要注意的語言是「所以說」「因為這樣所以說」當對方沒有話題的時候，便會開始反饋問題回來。雖然此時只要客氣的回答問題就好了，但因為語病的關係，有時候會不小心用到「所以」跟「因為這樣所以說」。

對方聽了這些話只會更加嫌惡而已。會覺得對方把自己當傻瓜，聽不懂人話。

也許說話本人並沒有這個意思，但有時會無意識地使用了這些語病，因此需多加注意。

讓會議順利進行的「斯丁澤(Stinzer)的3原則」

相同的人不斷重覆開會之後，會發現有趣的現象。這個現象稱為「斯丁澤原則」。這是以美國心理學家斯丁澤的名字由來。

將有以下 3 種現象會發生。

第 1 原則

- 過去有發生爭執的對象，出席同樣的會議時，會有坐在對方正前方的傾向。
- 想要議論或是指責對方時，坐在對面的情況比較多。
- 其他地方空著，但卻刻意坐在你的對面，表示想向你傳遞某些訊息。

對策

會議的時候，盡可能不要做出引起坐在正對面的人不快的發言。
或是事先坐在自己信任的人的對面。

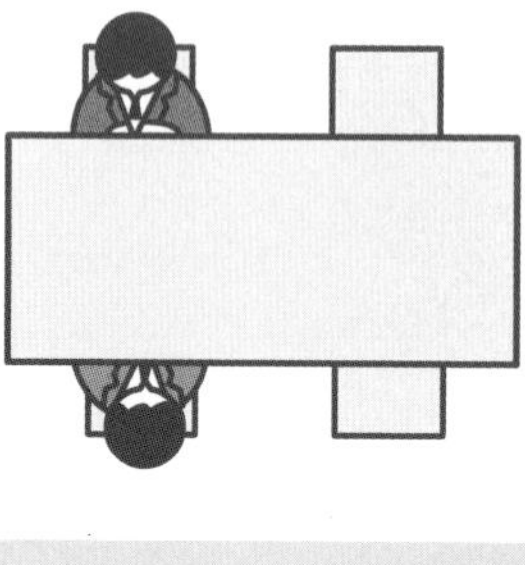

第 2 原則

- 當一段發言結束後，下一個發言會容易出現反對意見的傾向。
- 持反對意見的人會認為「如果再不發言的話，這事就會被這麼定下來」因此進行反對意見。

對策

在反對意見出現之前，先讓其他持同意意見的人輪流發言，最後就能順理成章的全員贊成。

第 3 原則

- 如果會議主席是影響力弱的人，與會者會喜歡與對面的人說話。
- 如果會議主席是影響力大的人，與會者會喜歡與隣座的人說話。

對策

觀察與會者私下交談的情況，如果有竊竊私語的情況，那麼就有必要調整會議主席的領導能力。

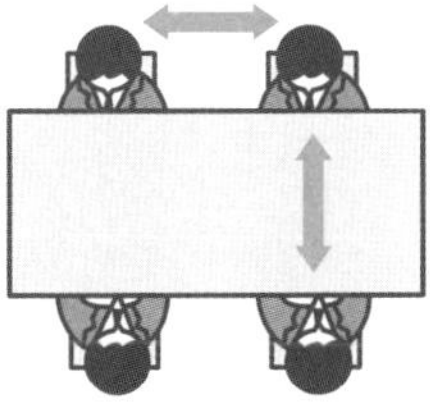

如果在集團會議裡，失去冷靜判斷力的時候

失去冷靜判斷力的 4 個理由

在眾多人參與的會議裡，有時會有失去理智，偏頗的意見產生。
以下舉出 4 個理由。如果你是需要領導一個集團的立場，請務必把握住。

理由 1

聚集了高昂士氣及凝聚力的優秀人材的團體裡，容易產生樂觀論。

理由 2

集團向心力強的團體裡，無人敢持反對意見，容易出現壓倒一致的結果。
如果是集團討論的情況下，容易產生極端的意見及結論。

理由 3

容易陷入「雖然風險高，但一旦成功的話便有豐碩的成果」的危險決策。(= 風險偏移 (Risky shift) 現象)

理由 4

「與其達到豐碩的成果，不如以安全第一為優先」往安全性高的方向做決策 (= 謹慎偏移 (Cautious Shift) 現象)

如何防止偏頗的集團思考？

集團思考在心理學上稱作為「從眾效應（Bandwagon Effect）」，在日本的祭典中的遊行隊伍裡，樂隊車也被稱為「Bandwagon」，當樂隊車出來，開始打著太鼓，吹著笛子時，所有在場的觀眾便會馬上溶入在祭典的氣氛裡。

將此利用在氣氛營造上，便稱為「從眾效應的煽動」會議中大聲呼喊「贊成！」、群眾一起大聲拍手，就是從眾效應的煽動。這些舉動也像是告訴所有人「不准有意見！」、「跟著做！」暗示意味的存在。只要有從眾效應的煽動存在，容易在沒有經過縝密討論的狀況下，會場便陷入一面倒的「贊成」氣氛裡。因此當發現會議中有這種煽動氣氛存在時，可先暫時休息，讓大家冷靜下來後，重新調整會場的氣氛，再重啟議題的討論。

防止集團思考的 2 個 POINT

1　由 1 個人做最終的議題仲裁者

2　為了能更有效果地解決問題，可試著選擇向心力較不夠的團隊進行討論

Column

困難的事需以強烈的信念來面對

由上到下的革新與由下到上的革新

大部分的經營者都是屬於強迫對方接受自己獨斷意見的獨裁者居多。雖然一般人對於這類型的人敬而遠之，但這類型「少數派」的影響力，卻足以影響了大多數的人。

這個在心理學稱作「少數者影響（MinorityInfluence）」現象。提倡地動說的哥白尼及發現萬有引力的牛頓皆是少數派類型的人。

少數者影響現象有分「由上到下革新」及「由下到上革新」兩種影響過程。「由上到下革新」是由心理學家的姓名而命名，稱作為「霍蘭德觀點（Hollander）」。集團的領導只要曾經對於集團有重大貢獻時，他的行為跟決定將可不受規範限制，並且得到大多數人的同意。比方說，一個對公司有重大貢獻的社長，即使是做出獨斷的計劃與決定，即使有少數人的反對，最終還是能得到大多數人的同意。

利用強烈的信念來取得大多數人的支持

另一個由下到上革新的少數者影響現象，也是由心理學家的姓名而命名，稱作為「莫斯科觀點」(Moscovitch)。少數派持續貫徹相同的主張，使多數派的信心動搖，讓多數派覺得是否自己的主張真的有誤，轉而聽從少數派的意見。

因此，即使是沒有權力的少數派，只要認為自己的主張是正確的，持續堅持主張下去的話，便能夠有機會瓦解多數派的信心。由此可知，對於有莫大貢獻，並且信念堅強的少數派，是具有推翻多數派意見的強大力量。

如果有怎麼樣都無法讓步的意見的話，強烈的信念代表著發言者的信心，只要持續堅持下去的話，慢慢地便有可能取得多數人的支持與贊同。

TITLE

如果可以被喜歡，誰想被討厭？

STAFF

出版　三悅文化圖書事業有限公司
作者　涉谷昌三
譯者　蔡晉峰

總編輯　郭湘齡
文字編輯　黃美玉　莊薇熙　黃思婷
美術編輯　陳靜治
排版　執筆者設計工作室
製版　大亞彩色印刷製版股份有限公司
印刷　桂林彩色印刷股份有限公司
　　　紘億彩色印刷有限公司

法律顧問　經兆國際法律事務所　黃沛聲律師

代理發行　瑞昇文化事業股份有限公司
地址　新北市中和區景平路464巷2弄1-4號
電話　(02)2945-3191
傳真　(02)2945-3190
網址　www.rising-books.com.tw
e-Mail　resing@ms34.hinet.net

劃撥帳號　19598343
戶名　瑞昇文化事業股份有限公司

初版日期　2017年5月
定價　300元

國家圖書館出版品預行編目資料

如果可以被喜歡,誰想被討厭?/
涉谷昌三作；蔡晉峰譯.
-- 初版. -- 新北市：三悅文化圖書,
2017.05
224　面；14.8 x 21　公分
ISBN 978-986-94155-8-3(平裝)

1.應用心理學

177　106006733

62 堂神不知鬼不覺的操控心理學

定價 250 元　15×21cm　160 頁　雙色

跟我來這招 ?!　本書教你一眼看穿對方用意！
請求被拒絕？提案遭退回？告白又失敗？
你是不是很想擺脫老是「被打槍」的悲慘宿命？
告訴你～暗示比明講更管用，
其實每個人都擁有無形中操控別人的能力！

62 堂鬥智不鬥力的誘敵心理學

定價 250 元　15×21cm　160 頁　雙色

小暗黑心機！高手過招於無形！
能夠看穿對方的想法，在心理戰中自然攻無不克、戰無不勝；得以在心理戰中完全掌控一切，事情自然水到渠成。
繼「62 堂神不知鬼不覺的操控心理學」之後，超人氣心理學家內藤誼人再度帶領大家進行一場過招於無形之間的人際心理戰！

不靠天賦也能勝出的努力心理學

定價 250 元　15×21cm　256 頁　單色

我也想發奮，卻缺乏動力……
我也想努力，卻缺乏持續力……
你是不是也常陷入這種軟弱的困境？
是的，持續地努力還是需要一些技巧，
才不會淪爲「三分鐘熱度的人」。
心理學家教你，如何努力不懈的訣竅！

索引 index

索引 index

附　錄

心理測驗

在這裡介紹 11 項能夠了解自己和了解他人的心理測驗。
解答時不要花太多時間思考，請直覺式的答題。

心理測驗　1

如果今天晚上做夢的話，你希望以下哪個選項出現在夢裡？

①空中飛的鳥

② 被漂亮（帥）的女性（男性）追

③正在乘坐雲霄飛車

④正在欣賞美麗的煙火

A 代表著你現在的精神狀態

解　說

你是選了哪個選項呢？

夢裡的世界與人的精神狀態有密切的關係。透過在夢中想像的事情，便能了解現實中的精神狀態。

選擇①的選項：飛在空中的夢，代表著希望朝向夢想展翅高飛的狀態。選擇②的選項：被追逐的夢，代表著心中有所不安，被某事煩惱著。選擇③的選項：自由落體落下的情況，代表著對於失敗的恐懼，而承受著壓力。選擇④的選項：欣賞煙火的夢，代表著對某件事有著期待，並燃起了希望。 火＝熱情。

弗洛伊德是著名的心理學家，是解夢分析權威者。如果對於夢境代表的深層心理有興趣的人可以做參考。

心理測驗　2

你認為圖中以下 4 種情況，兩人之間可能的距離分別應該是哪個選項。

①正想要撒個小謊的時候
②有事情想拜託對方的時候
③想提分手的時候
④想要不經意地誇獎對方的時候

A　50 公分
B　60 公分
C　120 公分
D　170 公分

A ①D ②A ③C ④B

解 說

根據私人空間 (Personal-Space) 研究顯示，人類會依與對方相遇的目的而異，而選擇必須保持的物理距離。多少可能依狀況有所差別，但這應該是最為貼切的答案。

與最為親密的人之間的距離，便是可以挽手的距離；與普通朋友對話的距離，則是能伸出手握手的距離；與點頭之交或是較陌生關係的距離，則是伸手觸碰不到對方的距離。

平時多加意識私人空間的距離，是建立良好人際關係不可或缺的要素。

心理測驗 3

以下的幾個動作，「哪些」選項是你認為「對方有心跟你交談」的選項

①一看到你的臉，便從椅子上站起來。
②身體傾向你，接受你所提供的資料及文件。
③即使你在現場，對方也只站著保持著相同的姿勢。
④一邊望向手機，並且想碰觸的樣子。
⑤把桌上的資料或是杯子往自己較近的地方移動。
⑥電話響起的瞬間，臉色不對地接起電話。
⑦配合著你的表情跟動作。

A ①②⑤⑦代表著對方歡迎你的動作

解　說

如何？如果全部都答對的話，代表你是個擅長察言觀色的人。如果答對在 2 題以下的話，代表你是個較不擅長體察對方的感受，有只顧說自己的話的傾向。需要養成多傾聽他人的習慣。

說謊或是感到無趣的時候，可以很容易的從對方的表情及動作看得出來。

心理測驗　4

問問你的朋友或是認識你的人說「你喜歡我嗎？」在對方回答之前，計算對方總共眨了幾次眼睛。如果這個問題不好提問的話，可以用其他對方沒辦法馬上回答的問題代替。

A 眨眼的次數，代表對方的誠實度

解 說

這個心理測驗，可以看出你的朋友是否是個誠實的人。當對方在思考你的回答之前，幾乎不眨眼，而在之後眨眼的次數才增加的人，就是正在誠實面對你的問題的人。因為當人的大腦在進行情報處理時，眨眼的次數會減少，而在結束的同時，次數便會開始增多。

話雖如此，眨眼也代表對方有正在緊張的傾向。因此眨眼次數多時也並不代表對方不誠實。所以必須配合判斷對方是否在緊張狀況下，才能正確判斷對方的誠實度。

說話時，也請留意對方是否看著你的眼睛說話。

心理測驗 5

你與對方在會議室等待開會，對方先到了 4 人桌的會議室，到了會議室的你會坐在哪個位置呢？

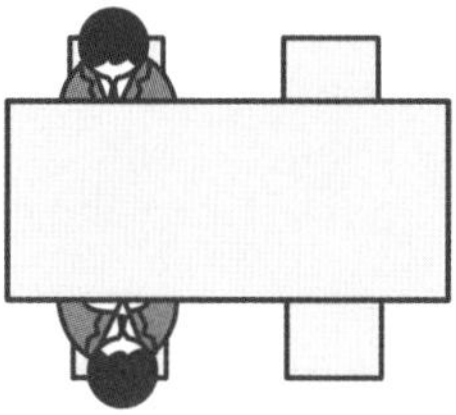

A：對方的正前方位置

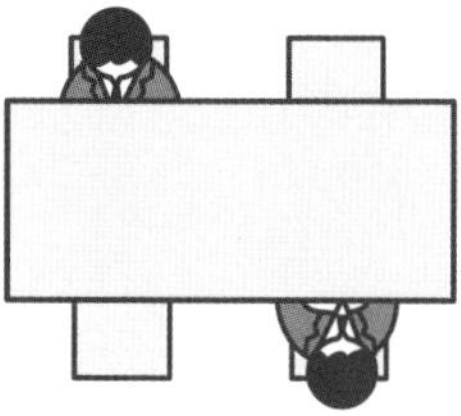

B：對方的斜對面位置

A 選擇A的人是屬於積極型，B是屬於保守型

解 說

這個測驗可看出你的性格傾向。

人際距離學(Proxemics)的研究顯示，選擇 A 選項的人是偏外向性格的人，而選擇 B 的人是偏內向性格的人。

瑞士心理學家卡爾·古斯塔夫·榮格 (Carl Gustav Jung)表示，外向的人的心靈能量(氣場)是流向外部。因此喜歡在人前工作，行動派、有朝氣，具統率力。相對的，內向的人的心靈能量則是流向內部，有封閉自己的傾向，壓抑情感、欠缺執行力。

關於選擇座位的其他說明，
可參考本文內容。

心理測驗　6

以下選項，請選擇所有符合自己的選項

①曾經有為了想取得（利用）對方的幫助，才與對方交朋友的經驗。

②曾經為了收集情報，而套過他人的話。

③為了取得他人的同情，而假裝自己很受傷。

④為了取得休假，曾經裝病過。

⑤曾經為了達到自己的目標而做過對不起別人的事。

A　選擇3項以上的人，是屬於算計型的人

解　說

這個測驗，可以知道你是否是屬於算計型的人。這參考美國心理學家巴斯(Buss)的研究，所作成的5道選項。所有的選項都是算計行為，因為選擇越多的人越能明白你是否是屬於算計型的人。

選擇了3項以上的人，時常會以自己的利益為優先打算，而算計他人的傾向。必須注意，算計型的人不是受歡迎的類型，因此盡可能地改善這項不好的習慣，才能有良好的人際關係。

人們會隨時檢視身旁的人是否屬於算計型的人

心理測驗　7

如插圖所示，你的部下對你說「我按照你的指示，但卻失敗了」如果你是上司的話，你會怎麼回應部下。

①真不好意思，我再調查清楚一點。

②這種事情，自己想辦法處理吧！

③這是常有的事。

A 表示遇到令人惱怒的事情時，你的當下反應。

解 說

這個測驗是為了調查，當人遭受挫折攻擊 (frustration) 時會做何種反應。

①的選項，發生爭執馬上道歉的人，會習慣先將錯歸咎於自己。建議先客觀地了解事實，再確認是否真的錯在自己。

②的選項，發生爭執時，會認為自己絕對沒有錯，有將責任推給別人或是運氣不好的傾向。建議改善這個不好的習慣。

③的選項，發生爭執時，為了趕快平息糾紛，會有想把事情模糊帶過的傾向。如果遇到的是嚴重事態時，希望能正視面對問題。

當遇到挫折攻擊時，請冷靜、客觀地認清當下的局勢再行對應。

心理測驗　8

在動物園裡，如果你能夠自由餵食你喜歡的動物時，你會選擇以下哪個動物？

①蛇

②老虎

③大象

④猴子

A 代表你理想的異性形象

解　說

這個測驗能夠了解你心中理想的異性形象是什麼樣子。

選擇① 蛇的你，喜歡稍微帶點毒性，帶些危險的對象。不管對方在背地裡做什麼事情都無所謂，只要愛著自己就好。

選擇②老虎的你，喜歡穩重的對象。（比方說比自己年長的對象）

選擇③大象的你，喜歡能與自己平穩過日子的人。

選擇④猴子的你，喜歡與其當戀人，不如把自己當朋友來交往的對象。

選擇蛇的人，可能較不適合作為結婚的對象。

心理測驗 9

問問你的女友，如果要從東京到大阪的話，應該選擇什麼交通工具比較好？

①汽車

②平快電車

③新幹線

④飛機

A 可以了解2人從約會進階到「能夠一起過夜」的可能性

解 說

這測驗能夠知道你的女友是否願意跟你過夜的可能性高低。

選擇①的情況，你的女友認為彼此應該要再更瞭解對方，因此採取保守的態度。

選擇②的情況，你的女友認為雖然有意思一起過夜，但仍然在猶豫的狀態。

選擇③的情況，你的女友認為依當時的氣氛而異，也許可以一起過夜。

選擇④的情況，你的女友希望與你過夜的可能性很高。可以選擇在氣氛好的餐廳試著邀約看看吧！

相反的，如果女方也想知道男方的立場，也可以試著請男方進行這項測驗。

心理測驗　10

你現在已經撐得吃不下任何東西，但最後卻端出了你最喜歡的甜點，你會怎麼做？

①不做任何動作

②吃一點

③吃一半

④全部吃完

A 能夠知道異性的出軌度

解 說

當吃飽時，卻端出你最喜歡的甜點，代表在有女友的狀態下，別的女性正在對你暗送秋波。

選擇①的人，完全不用擔心會出軌。

選擇②的人，雖然不會進展到出軌的情況，但也許會背著你與對方偷偷約會。

選擇③的人，視當時的對象跟情況，有可能會出軌。

選擇④的人，超想出軌的。

食欲好比性欲，如果有喜歡的對象的話，不妨請對方做答看看。

心理測驗 11

詢問你的伴侶：「如果 2 個人一起登山，到了山頂最高峰，你認為會是以下哪個景色呢？」

①日出

②被霧籠罩的風景

③可看得到其他的山

④可清楚看得到街景的景色

A 代表你與對方的性愛融洽度

解 說

處於山頂的狀態，代表正在嘗試絕頂氣氛的時候。這個測驗可以知道你與另一半正在做愛時，對方正在想什麼。
選①的人，你的另一半覺得你是最棒最理想的情人。選②的人，代表對方雖然還沒有得到滿足，但不代表對你膩了。仍然有發展的空間。選③的人，代表對方是會時常一邊考慮對方的感受，一邊行動的人。選④的人，代表是冷靜理性的人，可能對性愛沒有特別的感覺，或是目前心中並沒有想追求新的感動。

這個測試也可以試著以自己的立場作答。
如果雙方答案一致的話，一定是件很幸福的事。

這裡是心理測驗的最後一頁。
心理測驗是從本書的最後一頁開始。

辛苦了！